Ulla Baumgartner

Märchenprinz gesucht

Finde ich einen Mann im Hauptabendprogramm?

Die Namen und Wohnorte der Bewerber wurden geändert, um ihre Persönlichkeitsrechte zu wahren.

1. Auflage 2014

Lektorat & Satz: Joe Rabl
Illustrationen: Christian Yeti Beirer
Umschlag: Verena Wolf unter Verwendung einer Zeichnung von Christian Yeti Beirer
Druck: Kraler Druck OHG
ISBN: 978-3-200-03703-8

Vorwort

Viel zu früh, im Alter von 36 Jahren, wurde ich plötzlich und ohne Vorwarnung Witwe. Mir war, als würde sich der Boden unter meinen Füßen auftun und mich verschlingen. Aber ich hatte für meinen damals siebenjährigen Sohn zu sorgen und so nahm ich diesen Schicksalsschlag an und bemühte mich, mein Leben neu zu ordnen. Mein Kind, meine Familie und meine Freunde boten mir Halt und ich lernte, mein Leben als Alleinerzieherin zu meistern.

Als mein Sohn im Juni 2013 sein Studium beendete und zu seiner Freundin zog, suchte ich einen Ausweg aus dem Singledasein. Schließlich bewarb ich mich beim ORF als Kandidatin für „Liebesg'schichten und Heiratssachen", und zu meiner Überraschung war ich bereits wenige Wochen später auf Sendung. „Bevor ich ganz verblüht bin, komme ich zu Ihnen ...", sagte ich mit einem Lächeln in die Kamera. Und das Schicksalsrad begann sich zu drehen.

Ich möchte mich an dieser Stelle bei allen Männern herzlich bedanken, die nach der Sendung an mich geschrieben haben. Es hat mir geschmeichelt, dass so viele einsame Herzen gern mit mir in Kontakt getreten wären. Und es wird auch Leserinnen dieses Buches trösten, dass doch auch viele Männer auf der Suche nach einer neuen Partnerin sind, nach Liebe, Gemeinsamkeit und Vertrauen. Allzu oft höre ich, es gibt keine bindungswilligen Männer – meine lieben Leserinnen: Hurra – es gibt sie!

In diesem Buch erzähle ich meine ganz persönlichen Erfahrungen, keinesfalls möchte ich einen meiner Werber kränken, verletzen oder gar lächerlich machen. Ich war auch betroffen über die vielen Lebensgeschichten, die man mir anvertraut hat. Aufzeigen möchte ich, wie schwierig es ist, in reiferen Jahren nochmals den Richtigen zu finden, vor allem wenn man gewisse Ansprüche an eine Beziehung stellt. Und ich darf schon vorwegnehmen, dass es gar nicht einfach ist, aus einem vollen Ordner an Zuschriften Männer auszuwählen, die für eine Partnerschaft tatsächlich in Frage kommen könnten.

Das Leere-Nest-Syndrom

Juli 2013. Ein wunderschöner lauer Sommerabend. Die Rosen auf meiner Terrasse stehen in voller Blüte, ihr Duft strömt bis zu mir. Die Terrassenplatten geben noch die Wärme der Sonne wieder, die heute all jene, die nicht gezwungen waren zu arbeiten, in die Schwimmbäder getrieben hat. Leider zähle ich zu jenen, die trotz der Hitze im Büro bleiben mussten.

Aber nun, da die Sonne schon fast hinter den Bergen versunken ist, bin auch ich zu Hause und sitze auf meiner schönen Terrasse und lasse meinen Gedanken freien Lauf. Vor mir steht ein Glas Rotwein, Rosso di Montalcino 1999, ein sehr guter Jahrgang, den man nur zu entsprechenden Anlässen genießen sollte. Vor wenigen Wochen ist mein Sohn aus unserer Wohnung ausgezogen. 24 Jahre habe ich mich um ihn gekümmert, ihn nach dem Tod meines Mannes allein großgezogen, für ihn gekocht, geputzt, seine Hausaufgaben betreut, ihn zum Training chauffiert und in die Musikschule, ihn bei seinem ersten Liebeskummer getröstet – jetzt hat er sein Studium abgeschlossen und ist zu seiner Freundin gezogen. Er war ein lebhaftes, anstrengendes Kind, mit starkem Willen und voller Ideen und Tatendrang. Nach dem plötzlichen Herzinfarkt meines Mannes war ich für ihn die Hauptbezugsperson. Mein Gott, wie lange ist das nun schon her, dass mein Mann an einem Montagmorgen plötzlich gestorben ist. Er brach in der Glaserei zusammen und unsere Mitarbeiter holten mich aus dem Werkstättenbüro zu ihm. Ich erfasste sofort den Ernst der Lage und fing mit Wiederbelebungsmaßnahmen an, während ein Mitarbeiter die

Rettung verständigte. Aber es gab keine Hilfe mehr, mein Mann verstarb im Alter von 48 Jahren und ich stand als junge Witwe da und musste meinem kleinen Sohn, damals sieben Jahre alt, beibringen, dass der Papa nicht mehr kommen würde – nie mehr. Es war für ihn und für mich ein Riesenschock und auch eine große Umstellung, plötzlich nur mehr zu zweit durchs Leben zu gehen – ohne Vater, ohne die große Stütze, die ich in meinem geliebten Mann gehabt hatte. Aber es blieb mir kaum eine Wahl, ich konnte nichts anderes tun als den Hammerschlag, den mir das Schicksal verpasst hatte, auszuhalten und schon aus Verantwortung für mein Kind nach vorn zu blicken, aufzustehen und vorwärts in eine ungewisse Zukunft zu schreiten. Wenn ich jetzt an diese ersten Wochen ohne meinen Mann zurückdenke, frage ich mich, wie ich das alles ertragen konnte. Was der Mensch so alles aushält! So viel musste geregelt werden, ich war dankbar für viele Aufgaben und Beschäftigungen, für alles, was mich davon ablenkte, nun Alleinerzieherin zu sein. Wenn ich das Grab meines verstorbenen Mannes besuchte, wurde ich manchmal richtig zornig. Was hatte ich auf dem Friedhof verloren? War ich mit 36 Jahren hier nicht fehl am Platz? Ich passte doch nicht zu den vielen älteren Frauen, die da täglich das Grab ihres verstorbenen Lebenspartners aufsuchten – ich fühlte mich viel zu jung dazu. Ich konnte doch keine Witwe sein, das musste ein Irrtum sein! Doch es war keiner. Und ich fühlte mich um die schönsten Jahre meines Frauseins betrogen, mit einer unendlich großen Aufgabe belastet, und dennoch musste ich sie bewältigen.

Ich nehme einen Schluck aus dem schönen Weinkelch, der schwere Rotwein umspielt meinen Gaumen und ich genieße den edlen Tropfen. Ich schaue Richtung Westen, im Vordergrund die Blumentröge auf meiner Terrasse, in voller

Blüte, und hinter den Bergen zeichnet sich die untergehende Sonne ab, die wie ein Feuerball langsam sinkt und den Himmel in ein wunderschönes Abendrot färbt. Die Natur zeigt mir heute ein unerträglich schönes Bild – sitze ich doch wieder einmal allein auf meiner Terrasse. Ich fühle mich so unbeschreiblich einsam. Meine Lebensaufgabe, meinen Sohn großzuziehen und ihn gut durch die Schule und möglichst auch noch durch ein Studium zu begleiten, habe ich abgeschlossen. Ich kann stolz darauf sein, mein gestecktes Ziel erreicht zu haben. Mein Sprössling ist ein lebensfähiger, gebildeter, humorvoller und liebenswerter junger Mann geworden – und er ist auch fähig, eine Beziehung zu leben. Ich habe also vieles richtig gemacht, ohne meine Fürsorge und meine Liebe wäre er nicht so geworden, wie er heute ist. Ich kann ihn getrost in ein eigenständiges Leben entlassen, er braucht weder meine finanzielle noch meine moralische Unterstützung, er ist ein junger Mann geworden, der seinen eigenen Weg gehen wird.

In den letzten Jahren habe ich mich immer wieder damit befasst, dass meine Aufgabe als sorgende Mutter nun bald erfüllt sein wird. Und in diesen Jahren hat sich auch gezeigt, dass es langsam an der Zeit ist, getrennte Wege zu gehen, lebt doch ein junger Student mit einer ganz anderen Auffassung für Ordnungssinn als eine Frau mit 50 plus.

Aber jetzt – da dieser Abnabelungsprozess vollzogen ist – jetzt hat mich das Leere-Nest-Syndrom überfallen. Ich habe mich schon lange nicht mehr so einsam gefühlt wie heute. Wenn ich Sport betreibe, etwas unternehme, Freunde treffe, verdränge ich diese Sehnsucht nach Zweisamkeit – aber gerade heute, an diesem wunderschönen, lauen Sommerabend, wäre es einfach wundervoll, einem Lebenspartner gegenüberzusitzen, mit ihm gemeinsam den Abend zu genießen. In der Stille meines Zuhauses übermannt mich die Einsamkeit und würgt mein Herz, meine Seele, und Tränen rinnen über meine Wangen. Mein Sohn ist ausgezogen, ich bin jetzt frei – aber nun muss ich mir überlegen, was ich mit dieser Freiheit anfange. Vor nicht allzu langer Zeit hat ein erfolgreicher Mann zu mir gesagt: „Jeder Mensch hat gleich viel Zeit, nur jeder nützt sie anders." Ja, das stimmt, der Tag hat für jeden Menschen 24 Stunden, allerdings weiß niemand, wie viele Jahre er hat, wie viele er noch für sich gestalten kann. Ich hätte meinen Sohn nie zurückgehalten, jetzt, da er sein Studium abgeschlossen hat, ist genau der richtige Zeitpunkt, auf eigene Füße zu kommen. Nichts ist schlimmer als die Muttersöhnchen, die sich nicht aus der „Pension Mama" lösen können, nicht zuletzt deshalb, weil die Mütter sich an die Söhne klammern, vor allem wenn sie – wie ich – ohne Partner leben. Ich bin stolz, dass ich nicht klammere, aber diese unbeschreibliche Traurigkeit und Sehnsucht nach Zweisamkeit, die lässt sich mit rationalen Gedanken nicht vertreiben. Glückliche Momente, laue Sommerabende – sie sind um so viel schöner, wenn man sie mit jemandem teilen kann.

Je mehr mich diese Traurigkeit übermannt, umso mehr weckt sie auch meinen Lebenshunger. Verdammt, ich bin nur 50 plus, eine attraktive Frau mit Humor und Unternehmungsgeist. Ich habe ein behagliches Zuhause, viele Interessen, bin finanziell unabhängig, habe einen spritzigen Geist und einen spannenden Beruf und vielerlei Neigungen und Talente. Und ich habe bewiesen, dass ich mich vom Schicksal nicht unterkriegen lasse. Also, Ulla, reiß dich zusammen und überlege klug. Spüre deine Seele, entdecke deine Bedürfnisse und tu endlich etwas, dass diese gestillt werden. Du bist es doch gewohnt, die Dinge in die Hand zu nehmen, aktiv zu sein und nicht passiv zu warten und dich zu bedauern und zu resignieren.

Nur, wie soll ich den Traum von Zweisamkeit verwirklichen?

In den letzten Jahren, in denen ich als Alleinerzieherin lebte, gab es nicht einen Mann, mit dem es eine Zukunft gegeben hätte. Ich habe mich einmal wirklich ernsthaft verliebt. Aber dieser Mann war verheiratet, für ihn und mich gab es nur einige wunderschöne Stunden, aber keine gemeinsame Zukunft. Er hätte sich nie scheiden lassen. Und als berufstätige Mutter mit dem zeitintensiven Hobby, Theater zu spielen, blieb mir kaum Zeit für weitere Kontakte. Beruflich habe ich auch viel mit Männern zu tun, aber mit Kunden flirte ich prinzipiell nicht, und wie sollten meine Geschäftspartner auch wissen, dass ich Single bin. Schließlich gibt es in unserer Gesellschaft keine besondere Kleidung, keine bunten Schleifen oder Haarbänder, die man trägt, sodass jeder weiß, diese Frau ist ledig. Das wäre eigentlich eine tolle Idee für einen Modedesigner – ich sollte sie mir patentieren lassen: ein Kleidungsstück, das Rückschlüsse darauf zulässt, ob man verheiratet, geschieden, bindungswillig oder bindungsunwillig ist. Ich sehe es vor mir: Männer mit grüner Oberarmschleife suchen eine Frau, Frauen mit rotem Band an der Handtasche suchen einen Mann. Das wäre ein einfaches Signal und jeder weiß, was Sache ist. Worauf man beim Schreiben und Nachdenken so kommt ... Diese Idee werde ich zu gegebener Zeit weiterverfolgen. Und ich stelle mir die Innsbrucker Altstadt an einem lauen Samstagabend vor, voll von Männern mit grünen Armschleifen, die intensiv Ausschau halten nach Damen mit den auffällig roten Bändern und so gleich wissen, bei welcher es sich lohnt, einen guten Spruch anzubringen: „Guten Abend, schöne Frau, da Sie

Ihr Band so offensichtlich zur Schau stellen, wage ich es, Sie auf einen Drink einzuladen, es würde sich lohnen, wenn wir uns unterhalten und ganz ungezwungen kennenlernen. Bisher, ohne verheißungsvolles Band, sind Sie mir leider nie aufgefallen." *So* einfach könnte es sein, vielleicht käme dann auch irgendwann ein toller Mann im Stadtzentrum auf *mich* zu und würde *mich* einladen. Stopp! Ich habe diese Idee ja noch nicht auf den Markt gebracht, also muss ich weiter nachdenken.

Mit dem nächsten Schluck Rosso fühle ich mich schon wieder viel wohler. Gut, ich bin jetzt frei, ich habe meine Pflichten als Mutter erfüllt. Ich beschließe, das Positive an dem Ganzen zu sehen. Ich darf nun wieder mehr sein als Mutter, ich bin wieder ganz Frau, nicht mehr wie in jungen Jahren eine Frau, die davon träumt, in Weiß geheiratet zu werden und Kinder zu bekommen. Aber eine Frau, die davon träumt, einem Lebenspartner zu begegnen, der die schönen, aber auch die traurigen Stunden des Lebens mit mir teilt. Einem Partner, mit dem man eine gemeinsame Zukunft plant – Urlaube, Visionen, Lebensziele. Einem, der Zeuge wird von allem, was einem widerfährt, und mit dem man dann die Erinnerungen wiederaufleben lässt, darüber reflektiert. Und je mehr ich nachdenke, umso mehr bekomme ich auch Auftrieb, dass mit dem Auszug meines Sohnes auch für mich ein Neubeginn möglich ist. Das Kapitel „Mutter" werde ich mit dem nächsten Schluck abschließen und mir zuprosten: Ulla – sag Ja zum Leben mit all seinen Facetten und sieh dich auf dem „Männermarkt" um. Du hast doch einen Marketingkurs absolviert – welches ist deine Zielgruppe und wie erreichst du möglichst viele Männer dieser Zielgruppe?

Da ich nicht durch Lokale ziehen möchte und auch nicht

daran glaube, dass man dort dem Mann fürs Leben begegnet, scheidet diese Möglichkeit gleich einmal aus. Die bedeutenden Männer in meinem Leben, jene, in die ich verliebt war und die mich einen Teil meines Lebens begleitet haben, habe ich alle im Beruf, bei Weiterbildungen oder bei der Ausübung meines Hobbys getroffen. Aber mit 50 plus besucht man eher Sprachkurse, und diese sind zu 95 Prozent von Frauen besucht. Auf einschlägigen beruflichen Weiterbildungen kenne ich die meisten Kollegen und Mitbewerber bereits, die sind alle vergeben, bindungsunwillig oder haben zu viele Macken. Wo also gibt es Singlemänner, denen ich noch nie begegnet bin und die mir im Alltag wahrscheinlich nie begegnen?

Da fällt mir nur eine Zeitungsannonce ein oder die Suche nach dem Passenden in diversen Internetforen. Aber erreicht man da wirklich viele Kandidaten? Ich habe Freundinnen, die sich im Internet umgesehen haben, eine Erfolgsstory kenne ich im direkten Umfeld jedoch nicht. Und ich weiß nicht – Internet, chatten, das ist für mich, die ich nicht gern vor dem Computer sitze, nicht das Richtige. Was gibt es dann noch? Partnerinstitute – da liest man so viel davon, dass diese mit Lockangeboten Kunden ködern, man eine Menge bezahlt und die Kundenkartei außer einigen Karteileichen nicht viel zu bieten hat.

Ach ja, und dann gibt es noch „Liebesg'schichten und Heiratssachen" von Elizabeth T. Spira – aber das verwerfe ich auch gleich wieder, das ist ja peinlich, wenn man so in aller Öffentlichkeit im Fernsehen kundtut, dass man auf der Suche nach einem Mann ist. Allerdings erreicht man damit sehr viele Zuseher, nicht nur in Österreich, die Sendung wird auch in der Schweiz, in Südtirol und Bayern ausgestrahlt. Und so ein Fernsehtrailer ist natürlich eine tolle

Möglichkeit, sich zu präsentieren. Ich trete ja gern auf, stehe auf unserer Laienbühne schon seit Jahrzehnten mit Freuden im Rampenlicht. Ich könnte mich in einem Interview mit Frau Spira sicher gut präsentieren. Aber sie filmt ja immer in der Wohnung. Nein, eigentlich möchte ich nicht ganz Österreich in mein Wohnzimmer einladen, meine Privatsphäre soll gewahrt bleiben. Und was würde mein Chef denken, was meine Kunden sagen, wenn ich mich so in der Öffentlichkeit zur Schau stelle. Nein, dann vielleicht doch lieber eine Partnerbörse.

Mittlerweile ist die Sonne untergegangen, aber der Himmel glüht noch immer und zeigt die schönsten Farben. Viele Paare werden jetzt irgendwo auf einer Bank sitzen und sich küssen, und ich, ich sitze noch immer auf meiner viel zu großen, schönen Terrasse und tue mir leid. Und wenn ich doch den Schritt wage und mich bei „der Spira" bewerbe? Ich bin hin und her gerissen, aber der Gedanke, der einmal gedacht wurde, kann nicht mehr zurückgenommen werden. Dieser Ausspruch stammt aus den „Pyhsikern" von Dürrenmatt – er hat mich so fasziniert, dass er mir immer wieder in Erinnerung kommt. Ich bin ja ein Mensch, der gern auftritt, der gern Dinge macht, die sich nicht jeder zutraut. Ich schmunzle ein wenig über meinen eigenen Mut und gehe einen Stock tiefer in mein Heimbüro und starte den Computer. Ich atme einmal fest durch und suche die Homepage von „Liebesg'schichten und Heiratssachen". Aha, da gibt es also einen eigenen Bewerbungsbogen beziehungsweise eine Mailadresse, an die man seine Bewerbung senden kann. Nein, ich bin nicht der Mensch, der nur einen Bewerbungsbogen ausfüllt. Die bekommen sicher jeden Tag zig Bewerbungen und Fotos, die mögliche Kandidaten für die Sendung in möglichst hübschen, ansprechenden Posen zeigen.

Ich stecke voller lustiger Ideen, bin bekannt für gelungene Sketcheinlagen auf sämtlichen Geburtstagsfeiern in meinem Umfeld. Wenn ich mich schon bewerbe, dann soll es eine originelle Bewerbung sein, mit Fotos, die aus der Masse herausstechen. Und so tippe ich folgendes Mail:

Sehr geehrte Frau Spira,
seit ca. 17 Jahren gibt es nun Ihre Sendung – und fast genauso lange bin ich Witwe und lebe allein. Daher ist es höchste Zeit, dass ich daran was ändere – auf jeden Fall, bevor ich verblühe, solange ich eben noch ansehnlich und vermittelbar bin.
Daher schicke ich Ihnen jetzt diese Bewerbung.
Ich bin: humorvoll, unternehmungslustig, gesellig, leidenschaftlich und gefühlvoll – und 53 Jahre alt.
Mein Weg: Mein Mann starb an einem Herzinfarkt, da war mein Sohn gerade sieben, ich 36 Jahre alt. Die letzten Jahre habe ich meinem Kind gewidmet und meiner beruflichen Entwicklung. Jetzt ist mein Sohn mit dem Studium fertig und ist zu seiner Freundin gezogen. – Daher ist nun Platz für einen Lebenspartner, für einen neuen Lebensabschnitt!
Meine Hobbys: Radeln, Skifahren, Reisen, Wandern, Theaterspielen in einer Laiengruppe, Tanzen (besuche gerade einen Silberkurs für Standard und Lateinamerikanische Tänze), Besuch von kulturellen Veranstaltungen.
Ich weiß zwar nicht, wie meine Kunden, meine Freunde auf das Mitwirken in Ihrer Sendung reagieren würden – aber das werde ich ja sehen, sollten Sie sich für mich entscheiden. Ich finde mich mutig, dass ich mich bewerbe – aber in unserer Gesellschaft ist es sehr schwierig, in einem gewissen Alter nochmals den RICHTIGEN zu treffen. Ich trage ja kein T-Shirt – bin zu haben. Also ist Ihre Sendung die Chance, viele Männer meiner „Zielgruppe 55 plus" zu erreichen.

Es wäre eine spannende Erfahrung, Ihnen im Interview gegenüberzusitzen.
Liebe Grüße aus dem sonnigen Innsbruck
Ihre
Ulla B.
Im Anhang: Fotos von mir, ich als Hexe in „Hänsel und Gretel", in einer Kussszene in einer Boulevarproduktion unserer Bühne, mein offizielles Firmenpassbild und eins, das mich als verrückte Schriftstellerin in „Pension Schöller" zeigt.

Klick – und schon ist es weg. Und gleichzeitig wird mir schlecht, ich bekomme Angst vor meiner eigenen Courage. Hoffentlich nehmen sie mich nicht – was habe ich nur getan? Ich kann doch nicht im Fernsehen kundtun, dass ich gern wieder einen Partner hätte. Und wenn ich in die Sendung komme, was antworte ich auf die zum Teil peinlichen Fragen wie zum Beispiel: „Wie haben Sie in den letzten 17 Jahren ihre Sexualiät gelebt?" Soll ich dann die Anzahl der Männer preisgeben, mit denen ich geschlafen habe? Leider – oder Gott sei Dank – sind es nicht viele, aber sage ich zum Beispiel, ich habe mit keinem geschlafen, dann wird sich kein Mann bewerben, weil er denkt, ich wäre prüde. Und erzähle ich von der langjährigen Liebe zu einem verheirateten Mann, dann werden manche schockiert sein, denn wo bleibt da die Moral? Und andere werden sagen, kein Wunder, dass sie niemanden gefunden hat, sie war ja gefühlsmäßig blockiert. Auf jeden Fall wäre ich so oder so im Gerede, und wie peinlich wäre das, da ich in Innsbruck doch viele, viele Menschen kenne! Und wie würden meine Kunden, meine Kolleginnen und Kollegen und vor allem auch meine Familie darauf reagieren?

Aber auch ein Mail, das man verschickt hat, kann nicht

mehr zurückgenommen werden – es schwirrt jetzt irgendwo zwischen meinem Computer und dem Computer in Wien herum, zumindest stelle ich mir vor, wie es jetzt gerade Richtung Wien saust, unabwendbar den Adressaten erreicht, und wie eine Sekretärin oder Assistentin von Frau Spira morgen alle eingelangten Mails liest und bei meinen Fotos schmunzelt – ich werde bestimmt als „nicht normal und bieder" auffallen. Aber ich tröste mich damit, dass es das Schicksal sicher gut mit mir meint und viele andere Kandidatinnen in die Sendung kommen, bestimmt nicht ich. Und selbst wenn die Wahl auf mich fallen sollte, was ja absolut nicht der Fall sein wird, kann ich es mir immer noch überlegen, ob ich das Interview dann wirklich gebe.

So lege ich mich beruhigt schlafen.

Am Morgen beim Aufstehen finde ich mein Singledasein nicht mehr ganz so schlimm wie am Vortag, diesem schrecklich schönen lauen Abend. Heute regnet es, die Arbeit ruft und abends bin ich bei Freunden eingeladen. Nein, es geht mir nicht schlecht – nur manchmal, wenn mich eben die Einsamkeit wieder einmal einholt. Ich eile ins Büro und der Arbeitsalltag nimmt seinen Lauf. Gegen elf Uhr erreicht mich ein Anruf am Handy, eine Redakteurin von „Liebesg'schichten und Heiratssachen" meldet sich und will mich am Telefon ausgiebig interviewen, um sich über mich und meine Lebensumstände ein Bild zu machen. Unter mir tut sich der Boden auf, ich bekomme zittrige Knie und bitte sie, abends nochmals anzurufen, da ich in der Firma keine privaten Interviews geben kann. O mein Gott, das kann doch nicht sein – erst gestern habe ich in Verzweiflung und Übermut mein Mail abgeschickt und schon heute werde ich kontaktiert. Am frühen Abend sitze ich allein in meinem

Wohnzimmer und starre auf das Handy, bis es schließlich läutet und die freundliche Assistentin von Frau Spira wieder am Apparat ist. Wir plaudern eine ganze Stunde. Es ist ein sehr persönliches, ehrliches Telefonat, in dem ich einer völlig fremden, aber sehr sympathischen und einfühlsamen Frau meine Lebensgeschichte erzähle. Ich weine bei der Schilderung, wie mein Mann tot am Boden liegt und ich verzweifelt Erste Hilfe leiste und dem Notarzt bei der Reanimation zusehe, voller Hoffnung, im Unterbewusstsein aber bereits mit dem Wissen, dass es für ihn keine Überlebenschance mehr gibt. Ich erzähle ihr vom noch schrecklicheren Moment, in dem ich meinen siebenjährigen Sohn umarme und ihm beibringen muss, dass sein Papa gestorben ist und nie mehr kommt, ihn nie mehr umarmen wird, nie mehr mit ihm Legoburgen bauen wird und all die Fragen, die er spätestens in der Pubertät gern an ihn gestellt hätte, nicht beantworten wird können. Eigentlich habe ich all diese Dinge noch nie jemand Fremdem erzählt, aber unser Telefonat ist so herzlich und die Dame am anderen Ende so einfühlsam, dass ich ihr auch diese aufwühlenden Details aus meinem Leben berichte.

Ich erzähle ihr auch von meinem Leeren-Nest-Syndrom, seit mein Sohn zu seiner Freundin gezogen ist, und meiner Hoffnung, dass man auch mit 50 plus noch einen passenden Partner finden kann. Natürlich fragt auch sie mich, ob es in den 17 Jahren als Witwe keine Liebe mehr gegeben hat, und ich erzähle ihr ganz ehrlich von dem verheirateten Mann, dem mein Herz so viel Zuneigung entgegengebracht hat und mit dem ich keine Zukunft hatte. Und wir reden darüber, warum es in unserer Zeit für selbstbewusste Frauen in mittleren Jahren so schwierig ist, nochmals eine gute Partnerschaft zu finden. Sie erzählt mir, dass sie von vielen

Frauen ab 40 weiß, die alle hoffen, wenigstens als „Schattenfrau“ noch ein wenig Zärtlichkeit und Leidenschaft leben zu dürfen. Viele attraktive Frauen verweilen in einer Affäre mangels Alternativen. Viele leiden unter dieser Situation, manche arrangieren sich, aber alle wünschen sich letztlich, die offizielle Lebensgefährtin eines Mannes zu sein und nicht nur sein süßes Geheimnis. Überhaupt lernt sie durch die Befragung der Kandidaten für die Sendung ungemein viele tolle Frauen kennen, die alle stark und diszipliniert ihre Kinder großziehen, im Beruf erfolgreich sind, aber privat auf der Strecke bleiben und voller Hoffnung in die Sendung kommen. Sie berichtet mir, dass es erfreulicherweise auch viele Männer und Frauen gibt, die durch den Auftritt in der Sendung ihr großes Glück gefunden, ja dass einige auch geheiratet haben. Unsere Gesellschaft ist so schnelllebig und anonym geworden, Beziehungen werden nicht mehr für ein ganzes Leben geschlossen, und damit sind immer mehr Singles gezwungen, ungewöhnliche Wege zu beschreiten. Und sie erzählt mir, dass immer mehr junge Bewerber an die Redaktion schreiben, da auch Singles mit Mitte 30 schon Schwierigkeiten haben, einem passenden Lebensmenschen im Alltag zu begegnen. Nach einer Stunde Telefonat weiß die einfühlsame Dame mehr von meinem Leben und meiner augenblicklichen Lebenssituation als meine Mutter – das Gespräch war wie eine Psychotherapiestunde – und ich fühle mich am Ende verstanden und sehr wohl. Die Dame erklärt mir, dass sie noch mit Frau Spira sprechen muss, dass sie aber glaubt, dass ich als Kandidatin mit Freuden genommen werde, und dass sie sich in den nächsten Tagen nochmals melden werde. Damit lässt sie mich mit meinen Gedanken allein.

Am nächsten Tag fürchte ich mich vor jedem Läuten – es könnte ja die Zusage zur Sendung sein. Und als die nette Dame sich wirklich meldet und mir in Aussicht stellt, dass Frau Spira in gut zwei Wochen in Innsbruck mit mir das Interview führen wird, bekomme ich einen heißen Kopf – „so bald", stammle ich nur. Da jeder Kandidat auch bei seinem Hobby gefilmt wird, beratschlagen wir auch noch über diese Option. Frau Spira hätte mich gern bei einer Schauspielvorführung gefilmt, das ist aber nicht möglich, da wir zurzeit keine Produktion laufen haben und sämtliche Bühnen in den Sommermonaten geschlossen sind. Dann wird der Wunsch geäußert, dass ich ein Tänzchen zum Besten gebe, schließlich habe ich in meinem Telefonat ja auch erzählt, wie begeistert ich seit einem Jahr wieder einen Tanzkurs besuche. Mein Tanzpartner soll aber nicht mit mir ins Bild, er wäre zu sehr Konkurrent für potenzielle Bewerber. Wir einigen uns, dass eine Tanzszene aus dem Tanzunterricht gezeigt werden soll, möglichst mit meinem Tanzlehrer. Allerdings sehe ich da auch noch einige Hürden zu nehmen, sind doch auch sämtliche Tanzschulen im Sommer geschlossen. Aber ich verspreche, mich darum zu kümmern, ob wir doch dort filmen können. Im „schlimmsten Fall" müsste man mich eben beim Radeln filmen, aber das ist ein zu häufiges Hobby, für die Sendung und für mich wäre es viel attraktiver, ein ausgefalleneres Hobby zu zeigen.

Abends setzte ich mich wieder auf meine Terrasse und Zweifel und Übermut kämpfen gegeneinander an. Eigentlich wusste ich in dem Moment, als ich die Bewerbung schrieb, die werden mich nehmen. Ich kann originelle Texte verfassen und ich weiß mich in Szene zu setzen. Aber dass ich mich jetzt so schnell im Hauptabendprogramm auf Männersuche begebe, damit habe ich nicht gerechnet.

Insgeheim habe ich mir gedacht, wenn ich dann so circa in einem Jahr gefilmt werde, kann ich mir das in aller Ruhe überlegen und immer noch einen Rückzieher machen. Aber jetzt überschlagen sich die Ereignisse und irgendwie finde ich es auch total cool, in einer so bekannten Sendung aufzutreten. Und nun stehe ich vor der Herausforderung, mich auf das bevorstehende Interview gut vorzubereiten und vor allem die Filmszene im Tanzstudio zu organisieren. Wenn ich schon auf Sendung gehe, dann möchte ich mich im besten Licht zeigen. Was ziehe ich an, wie präsentiere ich mich seriös, aber nicht langweilig, welchen Tanz kann ich im Fernsehen zeigen, ohne mich zu blamieren? Und wie und wann soll ich mein persönliches Umfeld informieren, dass ich bei „Liebesg'schichten und Heiratssachen" mitmache? Und wieder steigt eine große Angst in mir hoch – wie werden alle um mich herum darauf reagieren? Ich weiß ja auch nicht, welchen Teil des Interviews Frau Spira dann bringen wird. Werde ich mich vielleicht gar blamieren?

Aber eins nach dem andern! Auf jeden Fall werde ich mich bemühen, nur mein Bestes zu geben. Also rufe ich erst einmal den Tanzschulleiter an und schildere ihm mein Vorhaben und freue mich riesig, dass er sofort Feuer und Flamme ist, mir beim Dreh in der Tanzschule behilflich zu sein. Er meint, dass seine prominente Tochter – Julia Polai, bekannt aus „Dancing Stars" – wohl am meisten Erfahrung mitbringt und mit mir den Dreh vorbereiten soll. Nur, Julia ist zu diesem Zeitpunkt in London – Intensivtraining für den nächsten Wettkampf. Aber die Welt ist in Zeiten der modernen Kommunikation klein geworden, und so kann ich mit ihr per SMS einen Termin für ein kurzes Vorgespräch und den Drehtermin an einem Mittwochvormittag vereinbaren. Diese Hürde habe ich also schon mal genommen.

Nun schaue ich mir im Internet alle gespeicherten Sendungen von „Liebesg'schichten und Heiratssachen" der letzten Monate an und notiere mir die meistgestellten Fragen. Ich habe eine schlaflose Nacht, wälze mich hin und her und überlege mir gute Antworten. Auf keinen Fall möchte ich in Tränen ausbrechen, wenn mich Frau Spira fragt, wie das denn so ist, wenn der Partner plötzlich stirbt, was man dabei empfindet. Und diese Frage stellt sie fast immer. Wahrscheinlich interessiert das auch viele Zuseher. Die einen, weil sie noch nie mit Verlust und Trauer konfrontiert waren, die anderen, weil sie Ähnliches durchgemacht haben und hören möchten, wie andere mit dem plötzlichen Tod eines Partners fertigwerden, ohne daran zu zerbrechen. Ich lege mir Antworten im Kopf zurecht, überlege mir, ob ich sie aufschreiben und auswendig lernen soll. Aber nein, das ist dann nicht mehr natürlich, und es ist wichtig, dass ich im Interview authentisch und natürlich wirke, also auswendig lernen darf ich nichts.

Und ich gehe immer wieder mit kritischem Blick durch die Wohnung: Was lasse ich das Kamerateam filmen und was nicht, worauf werden sich die Kameraleute stürzen? Ich habe keine Blasengel oder Plüschtiere, die man in Großaufnahme zeigen könnte. Meine Wohnung finde ich geschmackvoll und gemütlich, ich zeige meinen Wohnstil gern her, darauf bin ich sogar stolz, er gefällt mir. Viele Bilder und Einrichtungsgegenstände könnten Anekdoten erzählen, Geschichten, wie ich sie gesucht, gefunden und gekauft habe. Oft gemeinsam mit meinem Mann, wir haben unser Heim gern gemeinsam gestaltet. Ich beschließe, auf jeden Fall mein Schlafzimmer nicht öffentlich zu machen, dort werde ich ein Filmverbot verhängen – das geht niemanden etwas an, da möchte ich meine Privatsphäre erhalten. Nur ein Mann, der mein Herz erobert, soll wissen, wie es darin aussieht – das wird mein Geheimnis bleiben, es genügt, dass ich meine Wohnungstür für so viele Zaungäste öffne.

Der Drehtermin rückt immer näher. Ich probiere verschiedene Kleider und betrachte mich kritisch im Spiegel. Große Muster machen im Fernsehen dick, das muss ich unbedingt vermeiden. Auf jeden Fall ziehe ich ein Kleid an, das wirkt fraulich und schmeichelt meinem Erscheinungsbild, und damit identifiziere ich mich auch mehr als mit einer Hose, ich bin ein ausgesprochener Kleidertyp. Der Ausschnitt darf nicht zu groß sein, sonst wirkt es schnell ordinär, die Rocklänge nicht zu kurz, aber Bein möchte ich schon zeigen – denn die Beine sind mein bestes Kapital. Viele Radkilometer haben mir zu strammen Waden verholfen – zumindest auf einen Körperteil kann ich verweisen, mit dem ich wirklich zufrieden bin. An allen anderen habe ich einiges auszusetzen, aber gut verpackt und ins rechte Licht gesetzt, werde ich mich schon gut „verkaufen". Ich entscheide mich schließlich für ein weiß-türkis geblümtes Kleid für das Interview und für ein rotes sexy Kleid für den Tanz. Das rote Kleid ist mein Lieblingskleid, und wenn ich darunter einen Wunderwuzzibody anziehe, wirkt das beim Tanzen sicher vorteilhaft und schwindelt manche Röllchen dezent hinweg. Eine schwarze Nahtstrumpfhose wird die Blicke sowieso noch mehr auf die Beine lenken und signalisieren: Ich bin nicht mehr nur Mutter – seht her! –, sondern auch eine lebenshungrige Frau.

Vier Tage vor dem Filmtermin treffe ich mich mit Julia Polai im Tanzstudio. Sie findet meine Bewerbung supermutig – ich übrigens auch – und wir überlegen, welchen Tanz wir dem Kamerateam anbieten sollen. Sie lässt mich ein paar Schritte vortanzen und wir entscheiden uns schließlich für Cha-Cha-Cha und Tango – der kommt immer gut an und auch wenige, einfache Schritte haben gleich einen guten Effekt. Leider ist ihr Tanzpartner Michele heute verhindert, aber sie meint, dass es genügt, wenn wir uns 15 Minuten vor Drehbeginn im Studio treffen und die „Showeinlage" kurz besprechen und dann einfach drehen. Schließlich soll das Ganze keine perfekte Show werden, sondern eine Tanzschulszene, da darf auch sogar ein Fehler passieren, denn eine zu perfekte Tanzvorführung würde potenzielle Kandidaten nur verschrecken. Mir ist nicht ganz wohl bei dem Gedanken, den Tanz ohne Privatcoaching zu filmen, ohne mehrere Übungseinheiten mit dem Tanzprofi Michele. Liebe Ulla, worauf hast du dich da nur eingelassen! Ich, Ulla B., 50 plus, tanze im Hauptabendprogramm ohne irgendeine Probe! Wenn das nur gutgeht.

Dienstagmorgen. Ich habe einen Termin beim Friseur und weihe ihn in meinen verwegenen Plan ein. Ich brauche heute eine Frisur, die natürlich wirkt, auf keinen Fall wie frisch vom Friseur, unnatürlich gestylt. Er kriegt es wunderbar hin und wünscht mir alles Gute für das Interview. Zu Hause trage ich nochmals Puder im Gesicht auf, schließlich schwitze ich heute nicht nur aufgrund der 38 Grad im Freien, sondern auch vor Angst vor der eigenen Courage. Frau Spira samt Team hat ihr Kommen für zehn Uhr angekündigt. Sie sind pünktlich, es läutet, und während ich den Öffner drücke, werfe ich nochmals einen kritischen Blick in mein Wohnzimmer – ja, alles aufgeräumt, nichts liegt herum, der Glastisch glänzt vom Glasputzmittel, die Gladiolen in der Bodenvase sind frisch und ich bin beim Blick in den Spiegel auch mit meinem Erscheinungsbild zufrieden. Ich sehe eine Frau in den besten Jahren, die jetzt ihrem Leben eine neue Wendung zu geben versucht.

Als Erste kommt die Assistentin von Frau Spira über die Stufen herauf, gefolgt von zwei sehr attraktiven Kameraleuten um die 50, zum Schluss quält sich Frau Spira über die vielen steilen Stufen zu mir in den zweiten Stock. Etwas übermütig begrüße ich sie: „Ich freue mich, Sie persönlich kennenzulernen. Liebe Frau Spira, danke – die beiden Männer [die Kameramänner] sind sehr attraktiv und gut ausgewählt, die passen für mich, ich bedanke mich, damit erübrigt sich das Interview, ich nehme beide.“ Alle lachen und damit ist die Stimmung gleich etwas entspannt. Ehe ich mich's versehe, werden die Möbel in meinem Wohnzimmer etwas umgestellt, damit ich von der Kamera im besten Licht erfasst werde. Die Bodenvase mit den Gladiolen wird hinter mir als bunter Hintergrund drapiert und schon lädt man mich ein zum Interview. Ich hätte eigentlich gedacht, dass wir eine Warm-up-Runde machen und uns erst einmal ein bisschen unterhalten, uns kennenlernen, um die Anspannung etwas abzubauen. Aber daran brauche ich gar nicht zu denken, Frau Spira nimmt Platz und ich werde von ihr sogleich interviewt.

Sie stellt keine ganz unerwarteten Fragen und auf einige habe ich mich ja schon vorbereitet. Die Kamera steht mir schräg rechts gegenüber, ein gut gewählter Standort, denn so schaue ich beim Interview nicht direkt in die Linse, sondern meinem Gegenüber in die Augen. Und es ist erstaunlich, wie es Frau Spira schafft, eine ganz entspannte Gesprächsatmosphäre herbeizuzaubern. Ich lasse mich auf ihre Fragen ein und vergesse die Kamera und rede einfach mit einem Menschen, der sich für mein Schicksal, meine Sehnsüchte und meine Vorstellungen von einer Partnerschaft interessiert. Überrascht bin ich nur, dass sie mir einige Fragen, wortwörtlich dieselben Fragen, mehrmals stellt. Das ist dann der große Überraschungsmoment, denn auch wenn man sich auf einzelne Fragen gut vorbereitet hat – sobald diese Frage abgehakt ist, hat man auch die Antwort innerlich als erledigt abgelegt. Und wenn dann im Laufe des Gesprächs diese Frage nochmals gestellt wird, hat man die vorbereitete Antwort nicht mehr so schnell zur Verfügung und antwortet spontaner, weniger kontrolliert. Ich bin vollkommen locker und sie braucht mich gar nicht so viel zu fragen, ich erzähle einfach von meinen Sehnsüchten nach einem Lebenspartner, die Antworten strömen aus mir heraus wie ein Wasserfall.

Das Interview dauert circa 20 Minuten – in der Sendung wird dann nur ein kleiner Auszug gebracht, den man selbst nicht beeinflussen kann. Davor habe ich auch Angst, denn Antworten, zusammengeschnitten und aus dem Zusammenhang gerissen, haben auch schon Politiker und andere in Verlegenheit gebracht. Aber ich denke mir, dass man mir doch sicher nichts Böses will, und verlasse mich auf die Seriosität der Sendung.

Nun machen sich die Kameraleute auf die Pirsch nach guten Motiven. Ich kenne ja viele Sendungen und stelle auch gleich fest, dass man bei mir keine pausbäckigen Engel und Plüschtiere finden wird. Aber dem geschulten Auge der Kameraleute entgeht nichts, gar nichts. Auf meinem Bauernschrank im Wohnzimmer, ganz hinten, stehen zwei Porzellanpferde – „Alt-Wiener Manufaktur" laut Stempel auf der Bodenplatte. Diese Pferde haben eine nette Geschichte. Vor einem Jahr ist meine Mama in Umsorgtes Wohnen gezogen und hat mir die Pferde voller Stolz vermacht, als Erinnerung an sie. Ich hätte mir so eine Skulptur nie gekauft, sie sind nicht mein Geschmack, ich finde sie ziemlich kitschig, aber sie sind immerhin das Geschenk meiner Mutter und um sie nicht zu enttäuschen, haben sie diesen Platz ganz hinten auf dem Schrank bekommen, da, wo man sie nur schlecht sieht. Meine Mama hat mir schon mehrmals vorgeworfen, dass ich ihnen einen viel besseren Platz zuweisen müsste, aber ich habe sie dort belassen, auf dem Schrank ganz hinten. Die Kameramänner holen die Pferdc sofort herunter, stellen sie auf den Wohnzimmerglastisch und halten sie in Großaufnahme fest. Sie werden in der Sendung dann auch groß gezeigt werden – und meine Mama zu Tränen rühren, endlich stehen sie auf dem Platz, den sie verdienen. Und die Zuseher können ihre Pferde, ein Geschenk zur Hochzeit meiner Eltern, sehen!

Ich erlaube dem Kamerateam, alle Zimmer außer mein Schlafzimmer zu durchstöbern, und sie filmen vor allem meine Bilder sowie ein Foto, das meinen Mann kurz vor seinem Tod mit meinem Sohn zeigt, sowie diverse Masken und Teppiche aus fernen Ländern. Ein Froschkönig auf der Terrasse erweckt ihr Interesse, aber sie bedauern wirklich, keinen Kitsch oder andere skurrile Dinge vorzufinden. Doch da zieht schon einer der beiden Motivdetektive ein Taschenbuch aus meinem Bücherregal – „1000 Dessous. Eine Geschichte der Reizwäsche". Ich erlaube nicht, dass das Buch für mein Interview aufgenommen wird, denn es könnte doch ein falsches Bild auf mich werfen. Ja – ich finde Dessous absolut verführerisch und trage auch gern hübsche Unterwäsche, ich finde, sie stärkt das Selbstbewusstsein. Aber genau dieses Werk im Fernsehhauptabendprogramm, vermutlich groß ins Bild gerückt, würde vielleicht doch davon ablenken, welchen Mann ich wirklich suche – einen Lebensmenschen und kein Sexabenteuer. Also wirft der Kameramann einen verstohlenen Blick in das Werk und stellt es dann, unabgelichtet, brav ins Regal zurück. Und ich bin dankbar, dass man meine Wünsche respektiert.

Die Tanzszene ist für den nächsten Tag geplant – wir verabreden Ort und Zeit und ich bin froh, zumindest das Interview gut hinter mich gebracht zu haben.

Am nächsten Tag, Mittwochvormittag, gehe ich nochmals zum Friseur – schließlich muss ich mein Selbstvertrauen stärken. Und was hilft da einer Frau mehr als eine gute Frisur, das passende Outfit, in dem sie sich wohlfühlt? Pünktlich bin ich im Tanzstudio und Julia macht mich mit ihrem Tanzpartner bekannt. Ich habe Michele bisher nur auf Fotos gesehen, geschweige denn je mit ihm getanzt. Wir haben genau zehn Minuten, um uns kennenzulernen und einmal kurz einige Tangoschritte und -figuren zu versuchen. Beim Cha-Cha-Cha einigen wir uns auf Grundschritt-Training vor dem großen Spiegel. Ich bekomme wieder Schüttelfrost – bin ich denn wahnsinnig? Ich stelle mich da vor eine Kamera und filme fürs Hauptabendprogramm, tanze ein paar einfache Schrittchen und gehe so auf Sendung, immerhin mit einem Profitänzer, aber ohne je mit ihm getanzt zu haben. Ich muss wahnsinnig sein. Die Kameraleute sind begeistert von meinem roten Kleid – das tut meinem Ego schon gut und ich bitte sie, alle Fehler dann herauszuschneiden, denn ich bin keine Spitzentänzerin. Eine Stunde drehen wir – ich darf eine halbe Stunde Cha-Cha-Cha-Grundschritte mit Michele als Trainer vorführen und dann folgt der Höhepunkt – nicht nur für den Dreh, sondern vor allem für mich. Ich habe die Ehre, eine halbe Stunde Tango zu tanzen, mit einem Tanzpartner, der nicht nur umwerfend aussieht, sondern auch noch so führt, dass ich mir wünsche, dieser Tango würde nie mehr enden. Spätestens in diesem Moment weiß ich, dass sich die Bewerbung für „Liebesg'schichten und Heiratssachen“ schon allein aus diesem Grund gelohnt hat, dass ich mit einem Profi über eine Stunde durchtanzen darf, bei 38 Grad, ohne Pause, vor einem Kameramann, der abwechselnd die Beinarbeit, den Gesichtsausdruck, den Hüftschwung und die Tangoposen ins Bild rückt. Ich schwebe auf Wolken, es macht mir unbeschreiblich viel Spaß – und es ist mir in diesem Moment egal, was daraus wird.

Schließlich ist alles im Kasten, und das Kamerateam eilt zum nächsten Drehort, einer Alm – die Dreharbeiten sind für die beiden sicher sehr abwechslungsreich, vom Tanzstudio in den Stall, wer hat schon so einen bunten Arbeitstag.

Ich fahre nach Hause, stelle mich unter die Dusche, bin fix und fertig vom Tanzen und der Aufregung – aber jetzt gibt es kein Zurück mehr, jetzt komme ich in die Sendung. Und die Zweifel kommen wieder, ob ich schon das Richtige mache. Wann soll ich jetzt meine Familie, meinen engsten Freundeskreis einweihen? Wann ist der richtige Zeitpunkt und wie werden sie reagieren? Was soll ich sagen, wenn sie sich von meiner Bewerbung distanzieren, wenn mein Chef entsetzt ist und mich deshalb entlässt? Was, wenn mein Sohn sich für mich schämt, wenn das Interview peinlich wirkt und ich zum Gespött der Stadt werde? Ich fühle mich schlecht, erbärmlich, mein Übermut ist verflogen – es bleibt nur die Angst vor dem, was jetzt kommt. Und was, wenn mir niemand schreibt, weil meine Tanzszene so peinlich ist? Was, wenn mir wirklich jemand schreibt, wie gehe ich dann vor, wen treffe ich und wen nicht? Das könnte ja in Arbeit ausarten, diese ganzen Bewerbungsgespräche zu führen. Das habe ich noch gar nicht richtig bedacht. Ich bin beruflich sehr ausgelastet und habe auch zeitintensive Hobbys, wann soll ich diese ganzen Kandidaten treffen und in welchem zeitlichen Abstand schaue ich mir Kandidaten überhaupt an? Ich begreife, dass ich wie Goethes Zauberlehrling etwas losgetreten habe, das nicht mehr zu stoppen ist.

Die Redaktion hat mir versprochen, mich rechtzeitig zu informieren, wann ich auf Sendung komme. Es bleiben mir nur mehr wenige Wochen, mein Umfeld mit der Tatsache zu konfrontieren: Hi – ich bin Kandidatin bei „Liebesg'schichten und Heiratssachen" – stellt euch schon mal darauf ein.

Einige Tage vergehen, dann erhalte ich den Anruf aus der Redaktion, wann ich auf Sendung sein werde. Es ist die vorletzte Sendung der Saison, und genau zum Ausstrahlungstermin habe ich einen einwöchigen Radurlaub in Bad Radkersburg gebucht. Den werde ich auf keinen Fall absagen. Hurra! Am Ausstrahlungstag, in der Ausstrahlungswoche werde ich nicht in Innsbruck sein. Das trifft sich sehr gut, denn dann sind die ersten Wogen der Aufregung vorbei, wenn ich aus dem Urlaub zurückkomme. Aber natürlich weiß ich auch, dass in der Sendung der Vorwoche ein Trailer läuft, in dem die Kandidaten der nächsten Sendung vorgestellt werden. Das bedeutet, wer auch immer die Sendung regelmäßig sieht, registriert bereits eine Woche vorher, dass ich Kandidatin der nächsten Sendung sein werde. Beim Gedanken, wem allen ich nun von meiner übermütigen Bewerbung erzählen muss, kommen meine Magenkrämpfe wieder. Ich verschiebe meine Beichte von Tag zu Tag. Aber der Sendetermin rückt immer näher und so setze ich mich zwei Wochen vor der Ausstrahlung zu Hause in meinen schwarzen Lieblingsfauteuil und starte eine Informationskampagne in meinem direkten Umfeld.

Natürlich soll mein Sohn der Erste sein, dem ich gestehe, was ich in den letzten Wochen schon selbst mehrmals in Frage gestellt habe. Also rufe ich ihn an und teile ihm mit, dass er mich in Kürze in „Liebesg'schichten und Heiratssachen" sehen wird. Er bekommt einen Lachkrampf und fragt mich, ob das wirklich mein Ernst ist. Als ich ihm bestätige, dass das Interview schon im Kasten ist, kündigt er sofort seinen Besuch bei mir an und er und seine Freundin löchern mich mit Fragen, wie denn alles gefilmt worden sei und wann die Ausstrahlung der Sendung ist. Sie finden es unheimlich cool – Mama im Hauptabendprogramm – und beschließen, am Ausstrahlungsabend ein kleines Fest zu veranstalten und alle ihre Freunde zum Fernsehen und „Mamaschauen" einzuladen. Mir fällt ein Stein vom Herzen, mein Sohn schämt sich nicht für mich, er findet es mutig und steht zu mir und meinem Vorhaben, dass ich nun wieder einen lieben Partner suche.

Meine Freundinnen reagieren alle sehr ähnlich, erst glauben sie mir nicht recht, da ich doch öfter Späße mache und sie manchmal an der Nase herumführe. Als ihnen dann bewusst wird, dass ich keine Scherze mache, sondern die Aufnahmen schon gedreht sind, gratulieren sie mir zu meiner Courage und fiebern gespannt dem Sendetermin entgegen. Ich verrate ihnen nicht, bei welchem Hobby ich gefilmt wurde, fast alle tippen aufs Mountainbiken, ich sage nur: Lasst euch überraschen und schaut es euch an.

Auch meine Schwester und mein Bruder lachen bei meinem Anruf – ja, das ist typisch Ulla, so kennen wir unsere Schwester, das kann auch nur dir einfallen. Und sie fragen mich, ob ich es Mutter schon gebeichtet habe – nein, das steht mir noch bevor.

Mit zittrigen Händen wähle ich Mamas Nummer – vor ihrer Reaktion habe ich am meisten Angst. Sie ist über 80 Jahre alt und ich weiß, dass sie jede Sendung von „Liebesg'schichten und Heiratssachen" verfolgt, ganz gespannt sieht sie sich immer die Vorstellung der einzelnen Kandidaten an, aber sie hat bestimmt nie damit gerechnet, dass eines Tages die eigene Tochter aus dem Fernseher lacht. Ich bitte sie, sich hinzusetzen, bevor ich ihr etwas sehr Wichtiges erzähle. Als sie mir bestätigt, dass sie auf einem Stuhl Platz genommen hat, lasse ich die Bombe hochgehen: „Mutti, ich möchte, dass du es von mir erfährst – ich bin in einer der nächsten Folgen von ‚Liebesg'schichten und Heiratssachen'." Es folgt betroffenes Schweigen – und dann sagt sie: „Wäre ich nur schon gestorben." Oje, das sitzt, das trifft mich wirklich hart. So schlimm habe ich mir ihre Reaktion nicht vorgestellt. Sie stammt aus einer Generation, in der keine Frau öffentlich preisgeben würde, dass sie gern einen Mann hätte. Meiner Mama ist der gute Ruf der Familie sehr, sehr wichtig. Sie hat uns streng und gut erzogen, sie hasst und fürchtet es, wenn man zum Gespött der Gesellschaft werden könnte. In ihren Augen preise ich mich in der größtmöglichen Öffentlichkeit allen Männern in Nah und Fern an, etwas, „was man einfach nicht tut" – keine Dame mit Niveau, nicht in ihren Augen. Unser Telefonat verläuft sehr kurz und ich spüre die Eiseskälte, die mir entgegenschlägt. Meine Mama ist am Boden zerstört, sie schämt sich für meinen Schritt. Das wollte ich auf keinen Fall – aber ich kann es nicht mehr ändern. Oder soll ich Frau Spira anrufen und meine Bewerbung zurückziehen. Hat das jemals jemand gemacht? Ist das überhaupt möglich? Schließlich habe ich der Redaktion ja auch schon Kosten verursacht. Mir ist schlecht, mir wird heiß und kalt, und das ganz ohne Hitzewallung, einfach weil ich mich gar nicht gut dabei fühle, meine arme Mama schockiert zu haben. Aber ich bin doch kein mannstolles Weib, nur eine arme einsame Frau, die sich nach Liebe und Geborgenheit sehnt! Kann das meine Mama nicht verstehen?

Ich rufe meinen Sohn an und erzähle ihm von ihrer Reaktion, und auch meine Geschwister informiere ich. Meine beiden Nichten schicken mir liebe SMS: *Wir stehen zu Dir, Tante Ulla – super, dass Du in die Sendung gehst, wir schauen sie uns sicher an.* Ich weiß, dass nun im Hintergrund Gespräche mit meiner Mutter geführt werden, dass meine lieben Angehörigen sie beschwichtigen und trösten und aufbauen werden, ich kann es nicht – ich habe ja selbst Angst vor meinem Mut und davor, wie mein Umfeld auf diese Kandidatur reagiert. Ich hoffe nur, dass sich Mama nicht zu sehr aufregt und vor Sorgen und Gram einen Schlaganfall bekommt. An dem wäre ich dann schuld. Und ich beschließe, sie das Ganze erst einmal verdauen zu lassen und in einigen Tagen, wenn der erste Schreck vorbei ist, wieder mit ihr in Kontakt zu treten. Auf jeden Fall habe ich keine Kraft mehr, heute noch mehr Menschen zu informieren, und ich gehe früh ins Bett und schlafe gar nicht gut.

Am nächsten Tag im Büro fahre ich bei der Vormittagspause gleich alle Fakten auf. Meine Arbeitskollegen sind nicht sehr überrascht, sie kennen mich ja als extrovertierte Frau und finden, dass ich sicher einen guten Auftritt haben werde. Mein Chef schüttelt etwas konsterniert den Kopf und hofft, dass ich mich nicht blamieren werde, und er meint, dass er sich die Sendung auf keinen Fall anschauen wird. Meine Kollegen hingegen planen schon einen gemeinsamen Fernsehabend mit Wein, Bier und Snacks, um mir in Gesellschaft zuzuprosten, wenn ich dann meinen großen Auftritt habe. Sie bedauern alle, dass ich an diesem Abend in der Steiermark bin und nicht mit ihnen gemeinsam zuschauen kann.

Damit ist mein nächstes Umfeld endlich informiert, und ich bin erleichtert – ich habe die Katze aus dem Sack gelassen und wurde nicht geköpft. Und eigentlich haben alle, bis auf meine liebe Mama, sehr positiv und amüsiert reagiert. Aber ich bin mir sicher, auch Mama wird sich abfinden – und sie weiß ja noch nicht, dass ihre Porzellanpferde auf Sendung kommen – das wird sie positiver stimmen, ihr wertvolles Hochzeitsgeschenk im Zentrum meiner Wohnung.

Ich flüchte voller Freude in mein Wellnesshotel in der Steiermark und beschließe an besagtem Montag im August, zuerst gut zu speisen und mich dann mit einem Glas Rotwein aufs Zimmer zurückzuziehen und mir die Sendung – und vor allem meinen Beitrag – in Ruhe anzusehen. Aber von wegen in Ruhe – ich bekomme kaum einen Bissen hinunter, ich habe Durchfall und Kopfschmerzen und bin angespannt wie vor einer riesengroßen Prüfung. Ich bin so nervös und wenn es einen roten Knopf gäbe, würde ich ihn drücken, und mein Bericht würde niemals ausgestrahlt. Ich gehe früher als geplant auf mein Zimmer, suche den richtigen Sender, schüttle die Kissen im Bett zurecht und mache es mir möglichst bequem. Mein Handy lege ich neben mich – da kommt schon ein erstes SMS herein – meine Freundin schreibt: *Wenn ich schon so aufgeregt bin, wie aufgeregt musst erst Du sein.* Ich bekomme Schüttelfrost und dann wieder einen hochroten Kopf und ich frage mich, welche Teile aus dem Interview sie wohl bringen werden und welche nicht. Ich versuche mich selbst zu beruhigen, ich habe mein Bestes gegeben, auch beim Tanzen – und ich bin doch nicht dümmer als alle Kandidaten je zuvor, es wird schon nicht ganz peinlich werden.

Die Minuten vergehen und der Sendebeginn rückt immer näher. Schon ertönt die bekannte Kennmelodie und das rote Herz mit Pfeil, der Blickfang der Signation zu „Liebesg'schichten und Heiratssachen“, erscheint am Bildschirm. Ich weiß, dass ich als Zweite drankomme, vor mir wirbt ein attraktiver Siebziger eigentlich sehr charmant um eine Frau fürs Leben. Dann ist es so weit, das Tortenstück mit meinem Namen kündigt meinen Beitrag an. Gebannt höre ich mir zu und sehe mich zum ersten Mal groß im Fernsehen.

Als Erstes stört mich, wie ich dasitze. Niemand hat mich darauf aufmerksam gemacht, dass ich bei dieser Kameraeinstellung die Beine mehr aneinanderpressen und vielleicht ein wenig aufrechter auf dem Fauteuil hätte sitzen sollen. Ansonsten finde ich mein Erscheinen natürlich und ich rede wie ein Buch. Während Frau Spira bei anderen Kandidaten oft viele Fragen stellt, sind es bei mir nur wenige, ich antworte locker und ausführlich. Und ich weine nicht bei der Frage, wie das denn war, als mein Mann so plötzlich gestorben ist. Ich sage nur, dass es so ist, als ob einem der Boden unter den Füßen weggezogen wird, man dann aber wieder aufsteht und weitergeht und das Leben wieder in Angriff nimmt. Somit hat mein Sohn die Wette mit seiner Freundin verloren – ich habe gefasst davon erzählt und nicht geweint. Er hat gewettet, dass ich in meiner emotionalen Art in Tränen ausbreche – da hast du dich getäuscht, mein Schatz. Mir kommt mein Beitrag ziemlich lang vor, ich wirke selbstbewusst und keinesfalls frustriert. Das bin ich ja auch nicht – ich sage ja, dass ich gelernt habe, gut mit mir allein zurechtzukommen, dass ich mich mit vielem gern beschäftige, dass da aber immer noch die Sehnsucht ist, endlich wieder zu jemandem zu gehören, die Sehnsucht nach Zärtlichkeit, Geborgenheit und Liebe. Auch die Aufnahmen meiner Wohnung sind dezent und zeigen mein geschmackvolles, schönes Zuhause. Und da – in Großaufnahme – die Porzellanpferde, mitten im Wohnzimmer auf dem Glastisch bei der Sitzgarnitur. Niemals im Leben würde ich sie dort aufstellen – aber so schlecht gefällt mir die Skulptur jetzt gar nicht mehr, wenn ich sie so in Übergröße am Bildschirm auf mich wirken lasse. Da wird Mama aber staunen, ihr Vermächtnis, ihr Hochzeitsgeschenk im Zentrum meines Beitrags.

Dann folgt die Tanzszene – der Wunderwuzzibody tut seine Dienste, ich mache im roten Kleid gute Figur, keine Schwabbelzonen zeichnen sich ab, ich muss mir unbedingt noch so einen Body kaufen und ihn oft tragen, er ist wirklich ein Geheimtipp. Wir tanzen für meinen Geschmack zu lang, denn die Tanzschritte und Posen sind nicht sehr abwechslungsreich, aber es wirkt, und der Kameramann zeigt meine muskulösen, schönen Beine, die in den hochhackigen Tanzschuhen wirklich gut zur Geltung kommen. Ich kann mit meinem schönsten Körperteil, meinen durchtrainierten Beinen, sicher punkten.

Nach rund fünf Minuten ist der Spuk – mein Interview samt Tanzeinlage – zu Ende. Mir fällt ein Stein vom Herzen, ich war nicht peinlich, ich kann mich mit meinen Aussagen identifizieren und Frau Spira hat mich sehr authentisch gezeigt, das Interview einfühlsam geschnitten und mir eine lange Sendezeit geschenkt. Ja, das bin ich – eine humorvolle, herzliche, gepflegte Frau mit 50 plus, voller Lebensfreude und mit Träumen. Danke, liebe Frau Spira, dass Sie mich so präsentiert haben, ich kann in einer Woche aus meinem Urlaub getrost nach Innsbruck zurückfahren und mich in der Innenstadt zeigen, ohne dass ich mich schämen muss. Ich habe Niveau bewiesen, und wer über diese Sendung auch geteilter Meinung sein mag, meinen Beitrag kann er nicht verdammen.

Kaum ist mein Beitrag zu Ende, summt mein Handy immer und immer wieder. Ein SMS nach dem anderen trifft ein, ein Anruf nach dem anderen folgt. Ich bin ja eigentlich auf Urlaub und habe die Mailbox auch entsprechend besprochen. Ich nehme also nur Anrufe von Menschen entgegen, die mir sehr nahestehen. Ich habe keine Ahnung, wie viele SMS mein Handy überhaupt speichern kann. Aber bis jetzt hat es noch nicht den Geist aufgegeben. Innerhalb kürzester Zeit erhalte ich 56 SMS – alles Glückwünsche – nur positives Echo. Hier eine Auswahl:

Sehr lieber Geschäftsfreund: *I nimm di sofort*

Theaterkollege: *Mir von der saunagruppe sein alle ganz begeistert. Bussi und brav bleiben, T.*

Exfreund: *Hast Du schon überlegt, wie Du von den zahlreichen Bewerbern den Richtigen herausfinden wirst? Gut Tanzen allein wird nicht reichen. Jedenfalls stehen Dir viele Dates bevor. Schreib dann ein Buch oder ein Theaterstück. LG WO*

Freundin: *Gratuliere, du hast es super gemacht, sehr natürlich, genau wie du bist. Hoffe, dass sich viele nette Männer melden, W.*

Arbeitskollegin: *Hallo Ulla – du warst super, hoffe, du kannst dich vor Angeboten noch retten. LG U&A*

Bekannte: *Hallo Ulla, Auftritt im ORF war souverän, bei der zu erwartenden Waschkörbe füllenden Zuschriftenfülle wünschen wir Dir, dass „Mr. Right“ dabei ist. Herzlichst E & H*

Kollege: *Hallo Ulla! Super Bericht und toll gemacht von dir. Alles, alles Gute und auch das Quäntchen Glück wünsch ich Dir. W.S.*

Freundin: *Ulla – spatzl, du hasts hinter dir. Fesch warst!! Jetzt muss er nur mehr „daherreiten", der traumprinz … Bussi & glg*

Freundin: *hab dich gesehn … so schrullig die sendung ist, so natürlich sympathisch + gscheit bist du rüberkommen … glg v. einer stolzen freundin s.*

Therapeutin: *Liebe mutige Frau Baumgartner, Sie haben mir sehr, sehr gut gefallen! Sie sind ganz authentisch und sehr sympathisch sowie niveauvoll rübergekommen! Gratulation und viel Freude und Glück beim Auswählen. Lg I*

Arbeitskollegin: *Wollte dir nur sagen, dein Beitrag war super. Meine Freundin hat das auch gesagt, du warst die einzige Vernünftige. Deine Tanzeinlage war spitze. Hoffe, du erhältst ernste Zuschriften. Lg*

Kundin und Moderatorin: *Bin dein Fan … du wirst dich nicht erwehren können.*

Arbeitskollege: *wenn ich nicht schon eine hätte, würd ich glatt anrufen*

Geschäftsfreundin: *Hallo! Jetzt wo es so gut überstanden ist, brauch ich schon mal eine Info. Lg*

Freundin: *Ulla, du warst SPITZE!!!!*

Theaterkollege: *Super gemacht, Bussi*

Geschäftsfreund: *Gratuliere … habs grad gsehn … du kommst so guat rüber, wie i di seit Jahren kenn!! Wünsch da möglichst wenig Stress mit de unzähligen Bewerber … i glaub, dass du den Richtigen schnell auswählst … no an schen Urlaub*

Kollege: *Schade, wäre letztes Wochenende allein gewesen. Lg ein unbekannter Verehrer. Tscha, tscha, tscha, außer Nichtraucher hätte ich leider nichts, was Du suchst.*

Theaterkollegin: *Wow Ulla! Super Auftritt – ich bewundere deinen Mut!*

Freundin: *Liebe Ulla, du hast dich sehr gut präsentiert, bin stolz auf dich, heirate dich doch – viel Glück K*

Freundin: *Super bist rübergekommen. Gratuliere, ich bin dein Fan. Bussi, dein Hasi*

Meine Ärztin: *Bravo, gratuliere, Du bist wirklich eine Superfrau, perfekt rübergekommen, absolut souverän und liebenswert, charmant, klug*

Arbeitskollegin: *SUUUper gemacht, sehr sympathisch und richtig elegant – kannst stolz auf dich sein.*

Geschäftsfreundin: *Liebe Ulla! Leider sitze ich im Zug nach Wien und kann mir deshalb Deinen großen Auftritt nicht ansehen! Ich finde es ganz toll von Dir, dass Du Dich dazu entschlossen hast. Die Männer werden Schlange stehen. Genieße den Urlaub und ich freu mich auf ein Treffen mit Dir. Lg D*

Freundin: *Besser geht es nicht! Du warst, bist einfach PERFEKT! Bussi D*

Theaterkollege: *Gratulation zum mutigen Schritt!*

Theaterkollege: *Ulla super maximal! Großes Kompliment! Du warst mega natürlich, super sexy und einfach klasse. Das wird sicher gutgehen. Lg C*

Kollegin: *Fand das super gestern – sehr stilvoll und ehrlich und du hast super getanzt!!! Lg*

Freundin: *Bist ausgesprochen sympathisch rübergekommen, schade, dass nit alles gebracht wurde, hat uns sehr gut gefallen. Warst humorvoll, eine super Powerfrau. Wirst garantiert viele Zuschriften bekommen. Gratuliere*

Verwandte: *Hallo liebe Ulla, es war eine schöne, ehrliche, humorvolle und liebenswerte Vorstellung. Wir hoffen, dass deine Wünsche sich erfüllen. LG I. und K.*

Radlkollege: *Du bist fantastisch (drei Smileys) so kenn i di! Bussi*

Radfreunde: *Liebe Ulla, Du warst einfach spitze. Wir sind total begeistert. Mit so viel Charme und Niveau ist kaum jemand in der Sendung. Sollte es zu einer Hochzeit kommen, hoffe ich, dass ich als Brautjungfer eingeladen werde. Wir wünschen Dir ganz viele Kontakte. Ganz liebe Grüße und noch schöne Tage. C u. G*

Gleichzeitig läutet mein Handy in einem fort. Einer der Ersten ist mein Sohn, er gratuliert mir zum Auftritt und ist gespannt, wie viele Zuschriften ich jetzt bekommen werde. Dann melden sich einige meiner Freundinnen, schließlich auch mein Bruder, der der Ausstrahlung ein wenig skeptisch entgegengesehen hat, und der schon die ersten Anrufe aus seinem persönlichen Freundeskreis bekommen hat, es ist interessant, welches Interesse mein Auftritt weckt – dass ganz flüchtige Bekannte sich freuen, dass sie endlich jemanden kennen, der als Kandidatin in „Liebesg'schichten und Heiratssachen" auftritt. Ja, richtig stolz sind sie, dass sie diese Person persönlich kennen, sie finden sich wichtig und wollen Anteil nehmen an der kurzfristigen Populariät in ihrem Umkreis.

Schließlich sehe ich die Nummer meiner Mama am Display – oje – ich habe Angst, den Anruf anzunehmen, aber es nützt ja nichts, ich drücke auf das grüne Feld und melde mich. Meine Mama ist ganz aufgewühlt und berichtet, dass sie beim Anblick der Porzellanpferde Tränen vergossen hat, so gerührt war sie, dass ich den Pferden in der Sendung einen Ehrenplatz eingeräumt habe. Und gleich nach der Sendung haben sie Verwandte und Bekannte angerufen und ihr zu ihrer Tochter und ihrem Auftritt und ihrer schönen Wohnung gratuliert. Kein Vorwurf, nichts mehr dergleichen, meine Mutter ist jetzt stolz auf mich und ich bin maßlos erleichtert, sie hat meinen Vorstoß in Sachen Partnersuche ohne gesundheitlichen oder emotionalen Schaden überstanden. Gott sei Dank – und unser Tochter-Mutter-Verhältnis ist wieder in Ordnung, sie kann sich auch in den nächsten Tagen auf die Straße trauen und muss sich nicht dafür schämen, wen sie da großgezogen hat. Ich bin wirklich erleichtert, denn wenn ich meiner Mama Sorgen und Gram bereitet hätte, fände ich das furchtbar, das hat sie sich auf ihre alten Tage nicht verdient, und das war auch wirklich nicht meine Absicht.

Ich bin heilfroh, die nächsten Tage nicht in Innsbruck in der Innenstadt präsent zu sein. Ich kenne durch meinen Beruf sehr viele Menschen und auch meine Tätigkeit bei der Laienbühne und meine Kontaktfreude hat mir einen hohen Bekanntheitsgrad verschafft. Ich hoffe, dass sich die Aufregung über meinen Auftritt im Hauptabendprogramm in den nächsten Tagen wieder etwas legt und mich dann nicht alle überfallen und auf die Sendung ansprechen. Es ist ein Wink des Schicksals, dass ich diesen Radurlaub gebucht habe und zufällig genau in dieser Woche das Interview ausgestrahlt wird. Manchmal nimmt das Leben einen guten Lauf und die Dinge geschehen so, wie es einfach besser ist.

Nachdem ich alle SMS gelesen, zig Telefonate geführt habe und mich wirklich freue, dass ich nur positive Resonanz bekommen habe, falle ich erleichtert und müde auf mein Kopfkissen. Eine meiner Freundinnen war ganz entsetzt, dass ich nicht sofort nach Hause fahre, um meine „Fanpost" zu studieren. Aber ich sehe dem ganz gelassen entgegen. Erstens glaube ich nicht, dass mir so viele Männer schreiben werden. Frauen greifen eher zu Briefpapier und Tinte und sind auch eher bereit, einem Mann ihrer Träume ein ausführliches Mail zu schreiben. Aber natürlich bin ich gespannt auf die Reaktionen des starken Geschlechts. Doch der Postweg verläuft sowieso nicht so schnell – erst werden die Briefe in der Redaktion in Wien gesammelt und dann erst an mich verschickt. Und auch die Mails gelangen über die „Liebesg'schichten und Heiratssachen"-Homepage erst in die Redaktion und werden dann an mich weitergeleitet. Meine Daten – bis auf meinen Vornamen und den Ort, in dem ich lebe – werden ja unter Verschluss gehalten, die bekommt niemand, wenn ich das nicht will. Und auf Anregung der Assistentin von Frau Spira habe ich mir eine eigene Mailadresse eingerichtet, damit ich den Schriftverkehr nicht über meine offizielle Mailadresse führen muss, sondern erste Zuschriften diskret beantworten kann. Niemand weiß meinen Nachnamen und ich muss, wenn ich nicht will, niemanden treffen oder kontaktieren. Einige meiner Gratulanten haben auch schon Vorhersagen gemacht, wie viele Zuschriften es werden – ich wurde auch schon geneckt, dass ich, wenn ich nach dieser Urlaubswoche nach Hause komme, eine Beschwerde von der Post bekomme, weil der Briefkasten überquillt. Aber ich bremse alle in ihrer Euphorie ein – die Menge allein bringt mir nichts, ich hätte lieber wenige, dafür ganz tolle Bewerbungen von Märchenprinzen, die mir jeden Wunsch von den Lippen ablesen. Natürlich weiß ich, dass es keine Märchenprinzen gibt, aber Frösche möchte ich auch nicht treffen – eigentlich sehne ich mich nach einem ganz normalen Mann, mit inneren Werten, und wenn er auch noch charmant und attraktiv ist, stört es mich auch nicht. Aber das Äußere ist nicht so wichtig – da achten Männer bei uns Frauen viel mehr darauf, ob das stimmt.

Einen ganz hässlichen, armen Mann am Existenzminimum, der einen Unterschlupf und ein Heimchen am Herd sucht, das ihn durchfüttert – so einen will ich aber auch nicht. Also hoffe ich auf die Zuschrift eines Mannes Ende 50, graumeliert oder gern auch glatzköpfig, so ein Yul-Brynner-Typ zum Beispiel, mit guten Manieren, mindestens 1,75 groß, gern größer, stattlich, aber kein Schwergewicht über 100 Kilo, in guter Position, ohne übergroße Altlasten, mit eigenem schönen Zuhause, nicht zu weit von meinem Wohnort entfernt. Gern darf er ein Gentleman sein und mir in den Mantel helfen und die Autotür aufhalten, er muss mir aber trotzdem meine Selbständigkeit lassen und mich nicht einengen, und er sollte genau spüren, wann ich seine Nähe brauche und wann nicht.

Ich weiß schon, dass das keine geringen Anforderungen sind und ich ja keine Roter-Teppich-Barbypuppe bin – aber ein Mann, der mit mir Zukunftspläne schmieden möchte, der sollte doch gewisse Ideale erfüllen. Vor allem – das habe ich auch im Interview erwähnt – muss er humorvoll sein, sportlich, leidenschaftlich und zärtlich, und mir auf Augenhöhe begegnen, und nicht zu alt darf er sein. Das sind schon sehr viele Wünsche, die ich mit einem passenden Partner verbinde. Natürlich bin ich bereit, Kompromisse zu schließen, aber einiges muss er wirklich erfüllen, vor allem muss der ominöse Funke überspringen, wenn ich ihm das erste Mal begegne. Und bei ihm muss er auch zünden, dieser Funke – die Chemie muss einfach stimmen, auf geistiger und auf körperlicher Ebene. Ich sehe spannenden Wochen entgegen – ich habe meine Signale ausgesendet, nun bin ich gespannt, wer sich bei mir meldet. Aber erst einmal werde ich die Tage in der Steiermark genießen, um mich dann in den Bewerbungsmarathon zu stürzen.

Es ist eine lange Autofahrt von Bad Radkersburg nach Innsbruck – viele Stunden auf der Autobahn und viel Zeit zum Nachdenken. Ich bin gespannt, was mich nun zu Hause erwartet. Sind die ersten Anfragen per Mail schon auf meinem Computer eingelangt? Und geht der Briefkasten eine Woche nach der Ausstrahlung wirklich über? Wie viele Zuschriften haben andere Kandidaten erhalten? Ich habe Frau Spira natürlich dazu befragt und sie hat mir erzählt, dass Männer meistens mehr Anfragen erhalten als Frauen. Es ist also wirklich so, dass mehr Frauen sich die Mühe machen zu schreiben, und wenn ich mich so umsehe, dann sind auch mehr Frauen auf der Suche nach einem Mann, als dies umgekehrt der Fall ist. Da gab es einen sehr attraktiven Herrn, der über 500 Zuschriften bekam, aber auch eine Dame, die nur 20 erhielt. Was, wenn ich jetzt auch nur 20 Anfragen bekomme? Na ja, dann habe ich diese zumindest schnell gelesen und der Spuk ist gleich wieder vorbei. Und was mache ich, wenn es viel, viel mehr sind? Auf jeden Fall gebe ich sie alle in einen Ordner, denn ich bin eine ordentliche Ablage gewohnt, und Ordner sind einfach ideal, um etwas systematisch einzuordnen. Aber lege ich die Kandidaten nach Ort, Name oder Alter ab? Vergebe ich Sterne wie bei den Hotelbewertungen und gebe die Fünf-Sterne-Männer in die erste Rubrik? Und wenn ich ein Mail, einen Brief lese, wie weiß ich, ob dieser Mann nun der Richtige für mich ist? Wen treffe ich und wen nicht? Wenn es nur 20 Kandidaten sind, dann sind vielleicht zehn davon uninteressant und die anderen zehn treffe ich. Aber wie oft, und ab wann weiß ich, ja, der ist es und kein anderer? Soll ich mir dann die restlichen nicht auch noch ansehen? Sie könnten ja die noch Interessanteren und Liebenswerteren sein als der, den ich gerade vor mir sitzen habe. Je mehr Kilometer ich zurücklege, umso klarer sehe ich, dass ich jetzt vor einem riesigen Berg Arbeit stehe. Wie ein Personalchef muss ich alle Bewerbungsschreiben lesen, die Lebensläufe studieren (sofern solche beiliegen), Fotos bewerten … Und ich kenne ja meine Fotos, da gibt es viele, die habe ich zensuriert und zeige sie keinem Menschen, weil ich mir darauf überhaupt nicht gefalle, und nur ganz wenige finden meine Zustimmung und kommen in ein Fotobuch.

Am meisten plagt mich die Frage, wie ich wirklich vorgehen werde. Wie aussagekräftig kann schon ein Mail sein. Und letztlich verdient jeder der Bewerber meinen Respekt, ist doch auch er auf der Suche nach einem Lebenspartner, nach Liebe und Zugehörigkeit, nach einer gemeinsamen Zukunft. Ich möchte schließlich keinen einzigen Herrn kränken oder gar beleidigen – es ist ja auch sehr lieb und nett, dass er sich die Mühe macht, mir zu schreiben, um mich kennenzulernen. Er knüpft an sein Schreiben ja auch die Erfüllung seiner Sehnsüchte.

Einfach wird das ganz bestimmt nicht. Und sollte dann wirklich der Richtige, *Mr. Right*, dabei sein – wie würde sich mein Leben ändern? Ich habe so viele Aktivitäten aufgenommen, einfach um der Einsamkeit zu entfliehen. Seit 17 Jahren lebe ich nun allein, zumindest ohne Partner – mein Sohn ist ja nicht Lebenspartner –, ich bin es nicht mehr gewohnt, dass jemand die Zahnpastatube nicht schließt, sondern geöffnet auf dem Waschbecken liegen lässt. Ich bin es auch nicht mehr gewohnt, jeden Abend für jemanden zu kochen. Gern besuche ich nach getaner Arbeit das Fitnessstudio oder gehe in den Tanzkurs. Ich habe für alle Aktivitäten Freundinnen – die eine begleitet mich zum Skifahren, die andere unternimmt mit mir Fernreisen, eine geht mit mir begeistert ins Theater oder Wandern, mein Netzwerk an Freunden ist groß und gut und bedeutet mir viel. Aber dann fallen sie mir wieder ein, die einsamen Abende zu Hause, die lauen Abende auf meiner schönen Terrasse und mein leeres Doppelbett, in dem ich manchmal meinen Kopfpolster umarme, um nicht ganz allein einschlafen zu müssen. Und ich denke an die Zeitung am Sonntagmorgen, die mein einziges Gegenüber beim Frühstück ist. Und an Silvester, wenn alle überlegen, wie sie mit ihrem Liebsten feiern sollen, ob nun in der Altstadt, beim Bergsilvester, oder doch lieber mit Freunden auf einer Party. Aber auf jeden Fall zu zweit, mit der besseren Hälfte, die mir ja nun leider schon lange fehlt und wodurch ich gerade zum Jahreswechsel bedauernde Blicke auf mich ziehe, wenn ich zugeben muss, dass ich Silvester allein zu Hause bleibe, weil ich keine Veranstaltungen mehr besuchen mag, auf denen nur glückliche Paare sind, die sich um Mitternacht küssen und ein gutes neues Jahr wünschen. Zu Silvester nehme ich genau aus diesem Grund keine Einladungen mehr an. Und ich sehe den Konflikt, in den ich gerate.

Für welchen Mann auf der Welt würde ich jetzt mein Leben gänzlich umkrempeln?

Zu Hause stelle ich mein Gepäck erst einmal ab und starte gleich den Computer. Ja, die ersten Mails sind bereits eingetroffen und ich drucke eines nach dem anderen aus. Ein Mail ist direkt aus der „Liebesg'schichten und Heiratssachen"-Redaktion, im Anhang eine Telefonliste mit 27 Nummern, mit Namen und teilweise mit Berufs-, Alters- und Ortsangaben jener Männer, die unmittelbar nach der Sendung in der Redaktion angerufen haben. Aber jemand, der es nicht der Mühe wert findet, zumindest einige Zeilen über sich zu schreiben, den möchte ich eigentlich nicht kontaktieren. Ich muss es einem Mann schon wert sein, dass er sich ein wenig beschreibt und möglichst auch ein Foto beilegt.

Am Tag darauf trifft das erste große Kuvert ein, mit einigen kurzen Briefchen, weitere teils handgeschriebene Briefe und Karten von Männern, die mich treffen möchten. Rund drei Wochen nach der Sendung kommen noch laufend Briefe und Mails, ich zähle sie, es sind an die 100 Kontakte und ich fühle mich leicht überfordert – wie soll ich nun vorgehen? Ich nehme zwei Ordner, in einen gebe ich alphabetisch alle handgeschriebenen Briefe, in den zweiten alle Mails. Und dann lese ich sie – alle – und auf die interessanten klebe ich ein Post-it. Vielen schreibe ich ziemlich rasch dankend eine Absage, mit wenigen trete ich näher in Kontakt, weil sie mich neugierig gemacht haben, und nur ganz wenige treffe ich persönlich.

Norbert
Bodensee

Maileingang einen Tag nach Ausstrahlung der Sendung

Liebe Ulla,
ich war von Ihrer Vorstellung im ORF total fasziniert.
Ihre offene nette Art und natürlich auch Ihr Aussehen haben mich total angesprochen. Für mich sind Sie eine tolle Frau, die noch eine schöne harmonische Zukunft erwarten darf.
Ich bin 59 Jahre alt, 177 cm groß/klein, normale Figur (ca. 8 kg zu schwer) und in Süddeutschland geboren. Zurzeit lebe ich im Bodenseegebiet.
Wir haben eine Gemeinsamkeit. Ich habe auch mit vielen Bauträgern zu tun, und zwar als Wirtschaftsprüfer.
Meine Hobbys sind neben der Natur u. a. Skifahren, Schwimmen (See oder Meer), Motorradfahren und Italien.
Sollte ich Ihr Interesse geweckt haben, könnten Sie natürlich noch viel mehr über mich erfahren.
Ich freue mich über eine Antwort von Ihnen und verbleibe mit lieben Grüßen vom Bodensee
Norbert
P.S. Ich bin auch kein Tanzmuffel

Die Anfrage versetzt mich ganz schön in Erstaunen, wurde sie doch an meine Firmenmailadresse geschickt. Norbert – Sie sind ja ein Vifzack, Sie haben wahrscheinlich *Ulla* und *Immobilien* gegoogelt und sofort meine Firmenmailadresse ausfindig gemacht und so eine Abkürzung zu mir gefunden und nicht den längeren Postweg oder den Umweg über die offizielle „Liebesg'schichten und Heiratssachen"-Mailanfrage genommen. Aber das ist nicht in meinem Sinn – es geht nicht, dass ich privaten Mailverkehr in der Firma bekomme.

Doch irgendwie imponieren mir seine detektivischen Fähigkeiten und er schreibt sehr niveauvoll und macht mich natürlich neugierig. Also antworte ich per Mail:

Lieber Norbert,
ich war eine Woche in der Steiermark auf Urlaub und bin erst gestern wieder nach Hause gekommen. Ich habe mir eigentlich vorgenommen, erst mal alle Zuschriften zu sondieren und dann einigen wenigen zu schreiben, die im Umkreis von maximal 200 Kilometer wohnen.
Aber Ihr Mail ist das ERSTE, das eingetroffen ist – und es ist einfach sehr, sehr nett. Darum antworte ich Ihnen gleich.
Meine Hobbys wurden im Fernsehbeitrag nicht erwähnt, diese sind: Skifahren, Radfahren, Mountainbiken, Langlaufen, Schwimmen, Wandern, Besuch von kulturellen Veranstaltungen, Lesen, Theater spielen … und noch eins: Reisen. Ich habe also sehr viele Interessen und seit einem halben Jahr besuche ich auch wieder einen Tanzkurs, Tanzen macht mich einfach froh!
Motorradfahren – dazu bin ich zu feige – das war nie meine Leidenschaft. Italien gefällt mir auch – aber viele andere Länder können mich auch begeistern.
Wo wohnen Sie zurzeit? Der Bodensee ist ja sehr groß. War erst vor kurzem in Altenrhein. Erzählen Sie mir doch bitte ein bisschen mehr über sich und warum Sie mich aus dieser Entfernung trotzdem kontaktieren – was könnte daraus werden?
Lg
Ulla

*

Liebe Ulla,
ich fühle mich sehr geehrt, dass Sie mir so früh bzw. überhaupt geschrieben haben. Normalerweise wäre ich durch Ihr strenges Raster gefallen. Meine Heimatstadt liegt direkt am Bodensee, genau 239 Kilometer von Innsbruck entfernt, also 39 Kilometer zu weit für Ihre zunächst sehr strengen Maßstäbe.
Gleichzeitig bin ich mir natürlich darüber im Klaren, dass Sie enorm viele Zuschriften erhalten haben bzw. erhalten werden. Sind Sie doch eine ganz besondere Dame, die vom lieben Gott mit allerlei positiven Attributen ausgestattet wurde!
Ich erlaube mir, Ihnen ein Passbild von mir zu senden. Vielleicht sagen Sie jetzt, „danke das war's, überhaupt nicht mein Typ".
Wenn es so ist, bitte ich darum, dass Sie mir die unverblümte Wahrheit mitteilen. Ich kann allerhand einstecken und würde dies absolut überleben. Die Frauen sagen immer, das Aussehen ist nicht so wichtig, die inneren Werte zählen, aber groß, dunkel und schlank soll er sein. Ich habe dafür großes Verständnis, denn auch mir ist eine hübschere Dame natürlich lieber als eine hässliche.
Bis aufs „Theater spielen" könnte ich alle Ihre Hobbys teilen. Übrigens: Wenn ich eines nicht bin, dann ist es aufdringlich. Ich werde Sie künftig nur noch auf der jetzigen Mailadresse anschreiben, sofern ich Ihnen nicht lästig werde.
Aber nun noch zu Ihren Fragen: Allgäu–Tirol bzw. Innsbruck; für mich keine Entfernung, es liegen nur ein paar wenige Berge zwischen uns. Ich habe die Strecke Vaduz–Meran vor einigen Jahren schon mal zu Fuß zurückgelegt. Ich weiß also, wovon ich spreche. Für eine Frau, die mein Herz gewinnt, würde ich bis ans Ende der Welt reisen oder ziehen, obwohl ich ein waschechter „Allgäuer" bin und meine Heimat, „die Berge und den Bodensee", wirklich über alles liebe. Es kann das daraus

werden, was wir aus der Zukunft gestalten, vielleicht ja auch gemeinsam.
Und nun zum Motorradfahren. Auch ich bin diesbezüglich relativ feige. Ich habe keine Rennmaschine, sondern nur ein gemütliches Teil. Ohne Knautschzone muss man besonders vorsichtig fahren. Bevor ich vor ca. 15 Jahren damit angefangen habe, habe ich mir die Frage gestellt: Ist es zu gefährlich? Danach habe ich mir vorgestellt, dass ich vielleicht mit 80 Jahren aus dem Fenster eines Altenheims blicke und ein Motorrad sehe oder höre und denke, „wie schön wäre es doch gewesen". Damit hat sich für mich diese Frage beantwortet. Man könnte auch sagen, „lebe deine Träume".
Liebe Ulla, mir bleibt derzeit nichts anderes übrig, als von Ihnen zu träumen.
Viele liebe Grüße vom Allgäu/Bodensee
Norbert

*

Lieber Norbert,
Sie schreiben so nett, dass ich meine Prinzipien breche und die 39 Kilometer vorerst an den Nagel hänge. Möchte gern mehr von Ihnen erfahren. Z. B. ob Sie Kinder haben, ob Sie schon mal verheiratet waren und einiges mehr.
Ich schreibe morgen ausführlicher, war eben nur neugierig und habe meine Mails gecheckt. Oben im Wohnzimmer sitzt mein Sohn samt Freundin – um die muss ich mich jetzt kümmern.
Schönen Abend – schön, wenn man seine Träume lebt.
Lg
Ulla

*

Lieber Norbert,
komme eben aus dem Fitnessstudio – war lange dort, weil ich mit einer Freundin zum Après-Fitness an der Bar war. Natürlich wollen alle wissen, wie viele Zuschriften ich erhalten habe und wie ich nun vorgehe und wie viele Männer ich schon getroffen habe … die Neugierde ist riesengroß.
Aber ich blocke total ab – was sonst nicht meine Art ist – ich halte mich bedeckt, und damit wird die Neugierde noch größer.
Was soll ich Ihnen von mir erzählen?
Nach dem Tod meines Mannes – das sind nun ja schon 17 Jahre her – bin ich in Aktivität geflüchtet. Ich war früher nicht so sportlich, aber z. B. mit dem Fahrrad fühle ich mich nie allein. Ich habe auch meine alte Leidenschaft wiederaufgenommen und habe einmal im Jahr an einer Theaterproduktion mitgewirkt. Ich stehe gern auf der Bühne und unterhalte Menschen – was gibt es Schöneres, als Menschen zum Lachen zu bringen?!
Ich habe auch einen sehr lieben Freundeskreis – der ist mir wichtig – wenn man allein lebt, benötigt man ein gutes Netzwerk, damit man nicht vereinsamt.
Wie verbringen Sie Ihre Wochenenden?
Bitte antworten Sie mir vielleicht auch auf meine Fragen vom letzten Mail, bin ja auch neugierig, mehr über Sie zu erfahren.
Und gern dürfen Sie mir Fragen stellen.
Ggglg aus Insbruck

*

Liebe Ulla,
danke für Ihre beiden lieben Nachrichten. Darf ich Sie fragen, ob wir den künftigen Schriftverkehr in der Du-Form führen können? Ich als der Ältere würde das gerne anbieten, da es einfach viel persönlicher ist.

Liebe Ulla, es gibt natürlich ein Leben vor der Ulla!
Aber mich hat einfach der Blitz getroffen, als ich Sie in der Sendung am 26. August d. J. gesehen habe. Ich bin derzeit gebunden/verheiratet und habe drei erwachsene Kinder und seit März sogar einen süßen Enkel. Aber keine Sorge, ich bin nicht wie „Kachelmann", der sich Bigamie oder Vielweiberei vorstellen könnte. Wenn es mit uns passt, müssen selbstverständlich klare Verhältnisse geschaffen werden. Ich kann Ihnen deshalb versichern bzw. versprechen, dass es für mich zur gleichen Zeit nur eine Frau geben kann.
Dennoch glaube ich an Schicksal und dass ein Bruchteil einer Sekunde ausreichen wird, um festzustellen, ob unsere Herzen zueinander Ja sagen.
Ich hoffe, dass Sie jetzt nicht enttäuscht sind und den Kontakt sofort abbrechen. Gleichzeitig müssen Sie sich natürlich auch die Frage stellen, was das für Männer sind, die ungebunden sind (z. B. Eigenbrötler, Egoisten, Langweiler etc.).
Sollten Sie aber lieber den bequemen Weg gehen wollen, dann stelle ich mich einfach hinten an und warte auf meine zweite Chance bei Ihnen. Ich bin ein unverbesserlicher Optimist.
Aber nun zu Ihnen! Ich staune über Ihre vielen Aktivitäten und habe wirklich Zweifel, ob ich mit Ihrem Freizeittempo Schritt halten könnte.
Ich glaube, dass Sie Ihren verstorbenen Ehemann wirklich sehr geliebt haben. Hat denn danach je ein anderer Mann eine Nähe zu Ihnen aufbauen können?
Sie sind ganz schön gemein. Mit Ihrem Hinweis auf die zahlreichen Zuschriften haben Sie mich auch richtig neugierig gemacht. Auf der anderen Seite geht es mich noch nichts an, solange ich nicht zum allerengsten Favoritenkreis gehöre.
Bitte berichten Sie doch etwas mehr von Ihnen! Wie stellen Sie sich Ihren neuen Partner vor? Was wollen Sie in der Zukunft

erleben? Haben Sie noch Wünsche/Träume neben einer tollen neuen Partnerschaft?
Liebe Grüße
Norbert

*

Lieber Norbert,
das Leben einer Schattenfrau habe ich lange genug gelebt. Solange mein Sohn klein war, war das vielleicht ein Kompromiss, der gepasst hat – aber das ist vorbei.
Du – ja gerne – so sind wir per Du, wenn wir unsere Korrespondenz auch schon wieder beenden.
Ich glaube nicht, dass es ideal ist, wenn man von einer Beziehung in die nächste stolpert. Ich denke, es ist besser, wenn man erst ein Kapitel ordentlich abgeschlossen hat, bevor man ein neues aufschlägt. Und ich möchte auch nicht die Verantwortung auf mich nehmen, dass Du Dich wegen mir von Deiner Frau trennst. Wenn Deine Ehe in Deinen Augen keine Zukunft mehr hat, dann musst Du das mit Dir und Deiner Frau klären, ich möchte keine Fluchtstation für Dich sein.
Zweite Reihe – gern … wer weiß – vielleicht bist Du ja irgendwann frei – und ich dann auch noch?
Alles Gute für Dich
Ulla

*

Liebe Ulla,
Ich nehme das Du gerne an.
Ich bedanke mich bei Dir für Deine offene ehrliche Meinung und werde Deine Auffassung respektieren.

Ich wünsche Dir von ganzem Herzen, dass Du Deinen Traummann finden werdest!
Auch wenn wir unsere Korrespondenz beenden, finde ich Dich weiterhin ungeheuer sympathisch.
Außerdem freue ich mich, dass Du mir noch ein ganz, ganz kleines Türchen (Hoffnungsschimmer) offen hältst.
Viele liebe Grüße
Norbert

*

Sorry, liebe Ulla,
ich habe noch etwas Wichtiges vergessen.
Zum Abschied möchte ich Dir noch ein kleines digitales Geschenk (Tipps fürs Leben) machen, da ich weiß, dass Du ein sehr gefühlvoller Mensch bist … ein paar Gedanken, Lautsprecher einschalten, und wirken lassen und jeweils weiterklicken.
Behalte mich in schöner Erinnerung
Norbert

Anhang: Diashow mit schönen Naturbildern und vielen klugen Texten – und dem Schlusssatz: *Niemand ist zuständig für Dein Glück – außer Du selbst*

*

Lieber Norbert
Eigentlich schade – Du scheinst ein so gefühlvoller Mensch zu sein – und Humor hast Du auch
Ulla

Zwei Monate später:

Liebe Ulla,
sei mir nicht böse, aber ich kann Dich einfach nicht vergessen!
Wie ist es Dir denn so bei Deiner Männersuche ergangen?
Hab ich noch Chancen, wenn ich meinen Altlastenkoffer aufarbeite bzw. erledige? Ich habe derzeit das Gefühl, dass es bei mir nach einem Neuanfang aussieht, und für einen Neuanfang ist es nie zu spät!
Viele liebe Grüße
Vom Allgäu
Norbert

*

Lieber Norbert,
zurzeit bin ich beruflich so eingespannt, dass ich wenig Zeit in die „Männersuche" investiere. Es gibt zwei Kandidaten, mit denen ich manchmal was unternehme – aber der große Blitz hat mich noch nicht getroffen.
Schauen wir, was das neue Jahr bringt.
Du kannst mir ja schreiben, wie es Dir so ergeht?
lg
Ulla

Kurz vor Weihnachten:

Hallo Ulla,
vielen Dank für Deine Mailnachricht. Ich dachte schon, dass Du mich komplett abgeschrieben hast.
Bei mir ist derzeit ebenfalls viel in Bewegung, da ich einen neuen Lebensabschnitt beginnen werde.

„Reich ist, wer Zeit hat“ (Tony Gnann)
Ich trete am 1. Jänner 2014 die passive Phase meiner Altersteilzeit an und bin deshalb nicht mehr dienstlich tätig. Ich werde keine Dinge mehr machen, die sich nicht rentieren, aber Dinge, die sich für mich lohnen! Da ich in Kürze umziehen werde und in dieser Zeit einen neuen Internetanschluss installieren lasse, werde ich vorläufig nicht mehr per Mail erreichbar sein. Ich werde mich bei Dir wieder melden und Dir die neue Mailadressse mitteilen, sobald ich einen neuen Anschluss habe.
Mit zwei Allgäuer Versen verabschiede ich mich heute Abend vorläufig von Dir und wünsche Dir persönlich für die Zukunft das Allerbeste mit dem richtigen Mann und Gottes Segen.

Allgäuer Huimat-Versle

Huimat isch it blos a Wort,
Huimat isch a bsondra Ort.
Huimat isch, des weiß i gwieß,
a kluina Fleck vom Paradies.
Huimat ka so vieles sei,
mach d’Auge zu, no fällts dr’ei.

A Bertour mache,
prischle im Sea,
rumwatte im Schnea,
a Musik, a Tracht,
an Hoigarte drzue,
desch is für an Allgäuer
glaub i scho gnue.

Jetzt bin ich doch sehr überrascht. Er hat tatsächlich den Mut gehabt, sein Leben komplett zu ändern, das hätte ich ihm nicht zugetraut. Und er hat sich von seiner Frau getrennt, ohne dass er mich als Rettungsanker dabei missbraucht hat.

Respekt, lieber Norbert, du bist aus einer Situation ausgebrochen, die für dich wohl schon längere Zeit nicht mehr gestimmt hat. Ich beobachte, dass diesen bedeutsamen Schritt viele deiner Altersgenossen scheuen – zu sehr haben sie Angst, Gewohnheiten aufzugeben, Besitz aufzuteilen oder gar loszulassen. Und ich beneide dich um etwas, wovon ich immer zu wenig habe – um Zeit – Zeit, Dinge zu tun, die man gern tut. Ich hoffe zutiefst, dass du dich irgendwann wieder bei mir meldest. Du schreibst ja, dass du das vorhast. Jetzt wäre schon bald der richtige Zeitpunkt, dass wir uns treffen. Du hast deinen Ballast abgeworfen. Finde nun zu dir, fasse in einer neuen Stadt Fuß und wenn dein Interesse an mir ungebrochen vorhanden ist, dann melde dich und wir treffen uns. Deine ersten Mails haben in mir große Hoffnungen geweckt, ich war sehr traurig und betroffen, als du mir gestanden hast, du bist gebunden.

Aber ich warte voller Spannung, ob irgendwann – dann, wenn ich gar nicht mehr damit rechne – ein Mail von dir einlangt. Und wann immer das sein wird, vielleicht sind wir ja dann beide ungebunden und das Schicksal führt uns – zumindest zu einem ersten Rendezvouz – zusammen, ich würde dir sehr gern bald einmal persönlich gegenübersitzen und dir zuhören, wie es dir bei der Neugestaltung deines Lebens so ergangen ist und wie du dich heute fühlst.

Manchmal denke ich an dich, lieber Norbert, und ich habe großen Respekt, dass du diesen Sprung ins kalte Wasser gewagt hast. Du hattest den Mut für eine große Veränderung. Ich ziehe den Hut vor dir.

Alex
Kufstein

Standardformular von „Liebesg'schichten und Heiratssachen"

Mein Liebesbrief geht an:
Ulla, 53 Jahre, Innsbruck
Was mir an ihr/ihm gefällt:
Hi, bezaubernd ehrliche, umwerfend hübsche, unbeschreiblich schöne und herzergreifend ehrliche und liebenswerte Ulla. Dein Auftritt hat mich in mehrfacher Hinsicht begeistert.
Zum Äußeren: Du hast eine TOP-Figur, hast Stil und Klasse (Gewand/Kleid, Schuhe, Fingernägel, Frisur usw.) und bist viel sexyer und erotischer als so mache 20- bis 29-jährige junge Frau. Du bist auch sehr gut erhalten!
Zu deinem Inneren:
Du bist eine sehr lustige, humorvolle Frau. Obwohl Du auch eine leicht melancholisch-traurige „Ader" in Dir hast. Aber genau DAS gefällt mir so an Dir. Menschen, die IMMER nur lustig und gut drauf sind, langweilen mich zu Tode! Ich will mich mit einer Frau ERNSTHAFT über das Leben, die Gesellschaft, die Politik, die Kunst, die Kultur usw. unterhalten können. Mit einer Frau, die immer nur wie eine Grinsekatze grinst, kann ich mich nicht unterhalten! Und eine Beziehung kann ich mir mit so einer oberflächlichen Frau ganz bestimmt nicht vorstellen.
Dein Mann war 12 Jahre älter als Du und „traumhaft attraktiv". Also ich bin z. B. 8 Jahre jünger (!) als Du, und hoffentlich nicht „alptraumhaft schiach"!
Ich verstehe, dass Du Dich in Deiner topschick und sehr stilvoll

eingerichteten Eigentumswohnung einsam fühlst. Ich verstehe, dass Du nicht mehr länger Deine Wochenenden, freien Tage usw. ALLEIN verbringen möchtest.
Du wünschst Dir einen Mann, der: 50–60, sportlich, humorvoll, charmant, intelligent, Nichtraucher, berufstätig, leidenschaftlich und engagiert ist, mit dem Du auf AUGENHÖHE kommunizieren möchtest, der Deine Selbständigkeit unterstützt und fördert und der Dir LUFT lässt, damit Du wieder Vertrauen zu einer Partnerschaft fassen kannst. Das Aussehen ist nicht primär; die „Chemie" muss stimmten, der „Funke" muss überspringen. Er muss lebensfroh sein und genauso gerne LACHEN wie Du. Er sollte gerne tanzen.
Liebe Ulla, Du wirst es mir nicht glauben, aber größtenteils erfülle ich Deinen Kriterienkatalog, abgesehen davon, dass ich a) ein hundsmiserabler Tänzer, b) nur 45 Jahre alt und c) nicht besonders sportlich bin. Aber dafür bin ich sehr aufmerksam, lustig, intelligent, kritisch, selbstkritisch, politisch und gesellschaftspolitisch sehr interessiert. Ich liebe gute Bücher, gute Gespräche, gute Menschen und ab und zu auch „guten Sex" … (P.S. Sex gehört zu einer Beziehung dazu, ist aber für mich nicht das WICHTIGSTE und PRIMÄRE in einer guten und funktionierenden Beziehung: Kuscheln, Streicheln, Umarmen, Händchen halten, leidenschaftliches Küssen usw. sind manchmal schöner, berührender und befreiender als der reine „sexuelle AKT" an sich!
Ulla: Sollte ich Dich mit meiner Ehrlichkeit jetzt schockiert haben, würde mir das sehr leid tun. Ich finde Dich wirklich total interessant, spannend, süß, sexy und hocherotisch! Ehrenwort!!!
Ich über mich (Hobbys, Aussehen, Träume …): ich bin der Alex aus Kufstein, bin 45 Jahre „alt", 186 cm groß, 105 kg schwer, habe ein Bäuchlein. Bin Nichtraucher, Gelegenheitssportler.

Fanatischer Nicht-Tänzer! Und auf Stöckelschuhen mache ich einen unglaublich unerotischen Eindruck.
Ich habe eine nette Wohnung, keine Schulden, ein fröhliches Gemüt, und ich bin stark genug, um Dich über die Türschwelle tragen zu können – ABER: Heiraten werde ich Dich NIE! Nicht, weil Du es mir nicht wert bist/wärest, sondern, weil ich von der Ehe denkbar wenig halte. Sie kostet viel Geld, Zeit, Mühen, Ärger, Stress. Die paar „positiven Seiten" der Ehe überwiegen die negativen Seiten meines Erachtens nicht im Geringsten. Liebe Ulla, auch wenn ich optisch nicht Dein Typ sein sollte – ich würde Dich niemals zwingen, mich „hübsch" finden zu müssen! Könnten wir beiden „Tiroler Kinder" uns doch zumindest einmal auf ein Eis, einen Prosecco oder auf einen netten Spaziergang treffen und ein oder zwei Stunden miteinander plaudern. Vielleicht ergibt sich dadurch zumindest eine „platonische Bekanntschaft". Wer weiß das schon?
Ulla, meine bezaubernde süße Maus, ich freu mich auf deine Antwort. Bis bald. Der Alex aus Kufstein, der sich für so humorvoll hält, dass es Dir jetzt bestimmt ein Lächeln über Dein hübsches Gesicht gezaubert haben könnte.

Umwerfend schön – das hat mir noch nie jemand gesagt, das ist nett bis übertrieben. Attraktiv, eine Frau mit Ausstrahlung, das höre ich öfters, aber umwerfend schön, das ist wirklich zu viel der Schmeichelei. Aber, lieber Alex, es ist ja nett, wenn dich mein Beitrag wirklich so fasziniert hat und ich in deinen Augen so auf dich wirke. Möge mir nie etwas Schlimmeres passieren, als dass mich jemand durch eine rosa Brille sieht, oder vielleicht eigentlich eine Brille bräuchte, um meine ganzen Schönheitsfehler auf einen Blick zu erfassen. Also vorerst einmal danke für die Blumen. Stil und Klasse, ja, die habe ich – aber bei der Top-Figur scheiden sich bei uns schon wieder die Geister. Vielleicht sind wir Frauen von diversen Schönheitskampagnen wirklich schon so verdorben, dass wir alle an unserer Figur kein gutes Haar mehr lassen. Aber ich habe mich ja darauf festgelegt, dass du mich durch eine rosa Brille siehst, dann sollst du meine Figur eben top finden.

Acht Jahre jünger wäre eine neue Erfahrung, bisher habe ich mich noch nie von einem jüngeren Mann angezogen gefühlt, aber berühmte Schauspielerinnen haben jetzt auch immer junge Lover – warum nicht ich? Daran habe ich bei meinem Interview nie gedacht, dass mich ein jüngerer Mann begehren könnte. Ist eigentlich sehr schmeichelhaft, lieber Alex. Da warten in Kufstein viele junge Damen auf deine Zuwendung und du schreibst genau mir – vielen Dank.

Und deine Gedanken über Sex, ja, natürlich muss auch der Sex in einer Beziehung passen. Und deine Ehrlichkeit, dass du die Streicheleinheiten genauso magst wie den sexuellen Akt an sich, das kann ich auch nachvollziehen. Viele Männer vergessen aufs liebevolle Vorspiel und wundern sich dann, dass ihre Frauen die Freude an der Sexualiät verlieren und sich ihnen entziehen. Da scheinst du mehr von Frauen zu verstehen als so mancher reifere Mann.

Du tanzt nicht gern, das hast du mit vielen Männern gemeinsam, das ist für eine Partnerschaft für mich keine Bedingung, wäre aber schön, ich könnte mir so gut vorstellen, mit dem Mann meiner Zukunft einen Tanzkurs zu belegen und bei Rumba und English Waltz in seinen Armen alles Glück der Welt zu erfahren.

Heiraten will ich sowieso nicht mehr, aber für dein Alter sind deine Ansichten über die Ehe schon sehr negativ. Ich bin nicht geschieden, mein Mann ist plötzlich gestorben und daher war ich nur neun Jahre verheiratet, 14 Jahre in einer schönen, harmonischen Beziehung. Meine Erfahrungen mit der Ehe sind daher durchaus positiv, da hätten wir sicher ausgiebig Diskussionsstoff, aber jeder hat das Recht auf eine eigene Meinung.

Ulla, meine bezaubernde Maus – das ist schon etwas übergriffig, so weit sind wir noch nicht, dass du mich deine bezaubernde Maus nennen darfst. Lieber Alex, da lehnst du dich etwas zu weit aus dem Fenster.

Ich weiß nicht, irgendwie machen mich deine Zeilen nicht wirklich neugierig auf dich, du hast keinen schlechten Schreibstil, aber … Ich kann es nicht in Worte fassen, irgendetwas stört mich an deinem Mail, ich halte viel von Intuition, und die sagt mir: Finger weg – triff dich nicht mit diesem Mann.

Schließlich öffne ich dein Foto und erschrecke. Sofort weiß ich, wer du bist. Meine Kufsteiner Freundin wohnt im selben Wohnblock wie du. Ich habe dich dort schon gesehen, wie du uns abends auf dem Balkon mit dem Fernglas beobachtet hast. Und du hast meiner Freundin schon mehrmals sehr eigenartige Liebesbriefe in den Briefkasten gesteckt. Und als sie dich gebeten hat, ihr keine Avancen mehr zu machen, hast du ihr einen bösen, widerwärtigen Brief geschrieben, dass sie dich mit ihrem Äußeren gereizt hat und du sie verdammst, weil sie in dir Hoffnungen geweckt hat, die sie nun nicht erfüllt. Sie ist mit dem Brief zur Polizei gegangen und hat erfahren, dass auch andere Damen in der Siedlung Liebesbriefe von dir bekommen haben.

Lieber Alex, mein Bauchgefühl war richtig, warum auch immer es mir signalisiert hat, das ist nicht der Richtige für dich. Gott sei Dank hast du ein Foto mitgeschickt und ich habe dich darauf erkannt und erspare mir jeden weiteren

Kontakt. Das Beste wird sein, ich lege dein Mail zurück in meinen Ordner. Du wirst auf dein Schreiben von mir keine Reaktion erhalten. Du bist mir nicht geheuer und ich habe wieder einmal die Bestätigung erhalten – man soll auf sein Bauchgefühl achten, das ist ein ganz, ganz wichtiger Instinkt in vielen Phasen des Lebens.

Gebhard

St. Johann

Liebe Frau Ulla,

als ich am Montagabend von einem Campingurlaub mit meinen beiden Kindern, 17 und 21 Jahre, von Lignano zurückkam, haben wir uns am Abend wieder unserer TV-Unterhaltung hingegeben. Liebesg'schichten und Heiratssachen war das bevorzugte Thema, welches ich schon seit Jahren gerne ansehe.

Unter vielen Briefen, die nun an Dich gehen, alle mit dem Ziel, für Dich der Beste zu sein, gehöre ich nicht dazu.

Deine Vorstellung im FP hat mir so gut gefallen, dass es aus meiner Sicht eine der besten war. Menschlich, vom Schicksal schwer getroffen, die große Verantwortung für das Kind. Und keine klagenden Worte für die schwere Zeit.

Du hast mit so viel charmanter Art und Herzensbildung Dein Schicksal in dieser Sendung vorgebracht, wie kaum eine andere Frau in diesen Sendungen. Und deshalb wünsche ich Dir viel Glück und die richtige Entscheidung dazu.

Du wirst Dich nun fragen, was bewegt mich zu diesen Zeilen, ich glaube, es ist selten, dass man einen fremden Menschen auf Anhieb so sympathisch findet, dass man ihm Glück für sein Vorhaben wünscht, bei Dir ist es eben so.

Ich bin um 20 Jahre älter als Du, habe ebenso auf vieles verzichtet als alleinerziehender Vater, meine Tochter ist 21 und mein Sohn 17 und lebt bei mir im gemeinsamen Haushalt. Da bleibt die eigene Seele auf der Strecke.

Und deshalb wünsche ich Dir viel Glück für die Zukunft, freue mich, Dich in einer späteren Sendung wieder mit gefundenem Glück zu sehen und halte Dir die Daumen.

Wenn Du mal in St. Johann bist und noch alleine einen Marktbummel vorhast, kann ich Dich gerne unverbindlich begleiten.
Liebe Grüße und viel Erfolg
Gebhard

So ein nettes Mail in schöner, kunstvoller Kurrentschrift und rechts unten mit einem Piratencartoon verziehrt. Warum eigentlich ein Pirat? Was hat der mit dem netten Schreiben zu tun? Aber vielleicht ist es einfach nur ein Briefpapier, das er irgendwann einmal von seinem Sohn geschenkt bekommen hat? Wir sind gewöhnt an Smileys, an Blumensträuße als Blickfang, wir verschicken Landschaftsansichten – aber eigentlich nie Piraten.

Aber es rührt mich, dass sich jemand die Mühe macht, mir einen Brief zu schreiben, ohne dass er an mir als Partnerin Interesse hat. Offenbar habe ich mit meinem Schicksal seine Seele berührt, er hat verstanden, wonach ich mich sehne und warum ich diesen Schritt in eine so breite Öffentlichkeit gewagt habe.

Kurz vor Weihnachten schreibe ich ihm nette Wünsche zum bevorstehenden Weihnachtsfest und danke ihm für das Lob und die reizenden Zeilen. Er schreibt mir noch am gleichen Tag zurück und lädt mich wieder ein, irgendwann einmal in St. Johann einen Kaffee mit ihm zu trinken und unsere Erfahrungen als Alleinerzieher und einsame Menschen auszutauschen. Wer weiß – vielleicht melde ich mich wirklich einmal bei ihm, er scheint ein einfühlsamer Mensch zu sein, wäre sicher eine herzliche Begegnung, wenn auch, aufgrund des Altersunterschieds, ohne gemeinsame Zukunft als Paar. Ich möchte keinen Partner mehr, der viel älter ist als ich. Meine Angst, ihn zu verlieren, wieder als Witwe dazustehen, wäre viel zu groß.

Aber ich glaube, dass wir ein langes, intensives Gespräch führen könnten. Und wir würden dabei viel Gemeinsames entdecken: die vielen Hürden, die man als Alleinerzieher bewältigen muss, die einsamen Stunden an lauen Abenden, die unerfüllten Sehnsüchte, die kennen wir beide.

Ja, lieber Gebhard, ich werde dich in nicht allzu langer Zeit in St. Johann treffen, einfach um unsere Seelenverwandtschaft zu pflegen. Lieber Gebhard – dir werde ich bestimmt einmal persönlich gegenübersitzen.

Marcel
Innsbruck-Land

Handgeschriebener Brief, energische Schrift, leider kein Foto dabei

Verehrte Dame!
Wenn Sie schon im TV eine so tolle Ausstrahlung haben, wie außergewöhnlich muss sie erst in der Realität sein …
Ich bin 60, 185 cm, schlank, sportlich, NR, unabhängig, flexibel, unternehmungslustig, vielseitig interessiert, denkend, lebensfroh, weit gereist, einfühlsam, gefühlvoll, liebe alles Schöne im Leben (Natur, Kultur …)
Ich wohne in einem Haus in der Nähe von Innsbruck mit Blick auf das Inntal.
Darf ich mich auf einen Anruf freuen?
Inzwischen liebe Grüße
Marcel

Wir telefonieren und er klingt wirklich sympathisch, charmant und gebildet. Er erzählt mir, dass er zurzeit im Burgenland auf Urlaub ist und sich wieder melden wird. Ich erfahre, dass er ein nettes Häuschen in der Nähe von Innsbruck bewohnt, seinen Beruf – aus dem er ein Geheimnis macht – überall ausüben kann, und somit erfreulicherweise viel verreist. Er habe sich im Fernsehen gleich in mich „verschaut" und versteht überhaupt nicht, warum eine so begehrenswerte Frau wie ich noch allein ist. Er wird sich liebend gern Zeit nehmen und mich einmal ausführen, um mich näher kennenzulernen. Er könne es einfach nicht zulassen, dass so eine liebenswerte Dame ohne Partner in Innsbruck verblüht. Dem werde er ein Ende setzen. Er ist ausgesprochen gebildet und charmant, spricht keinen Tiroler Dialekt, ich würde bei seiner Aussprache eher auf eine Kindheit in Salzburg tippen. Aber er will am Telefon nicht mehr von sich preisgeben, seinen Lebenslauf werde er mir dann bei unserem ersten Treffen gern erzählen. Auf jeden Fall sei er unabhängig, unternehmungslustig und brenne darauf, mich zu treffen.

Wochen vergehen und ich warte und warte. Einen freiheitsliebenden Mann darf man nicht bedrängen, da muss man sich taktisch klug verhalten, ihn an der langen Leine lassen und warten, dass er den nächsten Schritt setzt. Zumindest steht es so in einschlägigen Frauenfachbüchern. Und theoretisch bin ich am letzten Stand, ich habe sie alle gelesen, die Bestseller, die Ratgeber, die genau wissen, was Mann wirklich will. Eines auf keinen Fall – sich bedrängt oder gar eingeengt fühlen! Halten Sie Ihren Partner am Gummiband, er wird seinen Freiraum genießen und das Band nie überdehnen, sondern wieder „zurückschnalzen". Also will ich nicht lästig werden und überlasse ihm den nächsten Schachzug.

Ich habe Marcel schon fast wieder vergessen, sitze im Theater und habe das Handy auf lautlos gestellt, da sehe ich seine Nummer am Display. Das nenne ich gutes Timing. Jetzt kann ich natürlich auf keinen Fall abheben und mit ihm sprechen, ich kann die Vorstellung doch nicht einfach verlassen und im Foyer ein Telefonat führen. Nein, da muss er eben auf morgen warten.

Am nächsten Tag rufe ich zurück, da schreibt er mir dann ein SMS, er sei schon wieder auf Urlaub, aber er schickt mir ein Foto – ein Schnappschuss, den er von sich mit dem

Handy aufgenommen hat. Es zeigt einen fröhlichen Mann, mit hellgrauem Haar, nettem Grübchen am Kinn, das weißblau gestreifte Hemd ziemlich weit offen und um den Hals trägt er ein Goldkettchen mit hellblauem Marienanhänger. Hurra – der scheint ja wirklich nett zu sein.

Und wieder vergehen Wochen – nichts, kein Lebenszeichen mehr – ein-, zweimal starte ich noch einen Anruf, aber das Handy hat keinen Empfang und Mailbox ist leider keine aktiviert. Er weilt wohl wieder irgendwo im Ausland und hat sein Telefon abgeschaltet.

Warum ist seine anfängliche Euphorie so rasch verebbt? Vielleicht hat er sich entschieden, überhaupt im Ausland zu bleiben. Oder ihm ist genau jetzt die Frau seines Lebens über den Weg gelaufen, schlechtes Timing – für mich.

Warum auch immer er untergetaucht ist, ich werde es nie erfahren, und ich hake Marcel ab. Schließlich habe auch ich meinen Stolz – ich laufe keinem Mann hinterher – noch nicht.

Und dann, einen Tag vor dem Heiligen Abend, kommt folgendes SMS:

Frohe Weihnachten und ein gutes neues Jahr, in dem wir uns hoffentlich sehen werden. Marcel

Meine Antwort per SMS:

Frohe Weihnachten … ich glaube, das Christkind und Marcel gibt's nicht wirklich – lg Ulla

Robert
Landeck

Standardformular von „Liebesg'schichten und Heiratssachen"

Mein Liebesbrief geht an:
Ulla aus Innsbruck
Was mir an ihr/ihm gefällt:
mir gefällt ihr Lächeln, sie strahlt Wärme aus. Hat eine sehr gute Figur. Außerdem ist sie sehr, sehr hübsch und kommt sehr sympathisch rüber. Mir gefällt auch noch ihre Stimme.
Ich über mich (Hobbys, Aussehen, Träume …): singe ein bisschen in einer Rockband, mag Musik allgemein sehr, bin sehr lustig und nett. Arbeite als Eisenbieger, bin 52 Jahre alt und möchte Ulla gern kennenlernen und mit ihr lachen.
Vorname: Robert
Anhang: Schnappschuss von mir im Grünen

Er macht mir aber schon sehr nette Komplimente. Jeden Morgen vor dem Spiegel schaue ich ziemlich kritisch auf meine Fettpölsterchen, gegen die ich mit Ausdauersport und guten Vorsätzen, meine Essgewohnheiten zu ändern, ankämpfe. Aber Kuchen und Schokolade sind meine größten Feinde – ich werde diesen Kampf wohl intensivieren müssen. Und da schreibt er mir, ich habe eine gute Figur. Der ist ja richtig lieb, er will mir wohl ein bisschen schmeicheln, aber vielleicht gefällt ihm auch einfach meine weibliche Figur. Schließlich stehen ja nicht alle Männer auf Bohnenstangen, Gott sei Dank – weibliche Rundungen sind noch gefragt.

Rockband – na ja, das ist nicht so mein Musikstil, sollte aber kein Hindernis sein. Humor hat er, das ist ein Plus, Eisenbieger ist ein ehrsamer, harter Beruf – aber … na ja, er hat ein Foto beigefügt – ein Klick, und Robert erscheint am Bildschirm.

Ich sehe einen lustigen Kerl, er sitzt im Schneidersitz auf der grünen Wiese, trägt blaue Jeans mit Stulpen, ist vollschlank, am rechten Arm stark tätowiert, schwarzes Rocker-T-Shirt, schwarzer Cowboyhut, grauer Bart, und mit seinen verschmitzten Augen und einem Lächeln präsentiert er dem Fotografen eine Flasche Kaiserbier. Will er mich auf eine Runde Bier einladen? Seine Oberarme sind ganz schön muskulös, die Tattoos kommen darauf richtig zur Geltung. Nur – ich steh so gar nicht auf Tattoos, ich verstehe nicht, warum man sich teilweise so hässliche Dinge in die Haut einritzt. Eine kleine Rose am Knöchel, ein schönes Ornament am Oberarm, das geht ja noch – aber ich persönlich würde mir nie ein Tattoo zulegen und ich finde auch Rocker mit Tattoos nicht anziehend, auch nicht mit Bierflasche in der Hand.

Daher schreibe ich ihm folgende Zeilen:

Sie sind sicherlich ein liebenswerter Mensch, aber für mich leider nicht der Richtige. Nicht böse sein – und nochmals danke für Ihr Interesse.

Friedhelm

St. Pölten

Standardformular von „Liebesg'schichten und Heiratssachen"

Mein Liebesbrief geht an:
Ulla
Was mir an ihr/ihm gefällt:
Liebe Ulla! Einen wunderbaren Nachmittag. Seit gestern Abend bin ich verzaubert und träum so dahin, kein klarer Gedanke mehr möglich? Was für eine Frau? Gerne möchte ich Dich, Ulla, kennenlernen, dein? Profil? ist? seitenverkehrt?
Meins? Stimmig, sehr ähnlich im Suchen, Werte, Sehnsüchte, Wünsche, Leben, Visionen, Ideen u.u.u.u.
Kurz zu mir: Friedhelm, in Mistelbach geboren, grad noch 58, 187 hoch, kräftig, seit 9 Jahren geschieden, ich hab keine Kinder und lebe die letzten drei Jahre alleine am westlichen Stadtrand von St. Pölten. Nichtraucher, Nichttrinker, beruflich seit 35 Jahren als Elektromechanikermeister selbständig? Macht immer noch Spaß und bin an Neuem noch interessiert, also lernfähig auch da??? Ich mag Natur, empfinde sie als einzigartig und mag alles nicht nach Norm, mag Musik, eigentlich alles außer Volksdümmliches; mag Kultur; mag Entdecken: mag Kochen, kreativ, liebe Gewürze und Kräuter; mag Genießen; mag alte Technik, Dampf-E-Loks in natura faszinieren mich??? mag alle Sinne erleben; bin ein Geruchs- und Gespürmensch, mag Nähe ohne Enge, brauch Hautkontakt? Alle mm²??? Mag wieder Liebe spüren, gemeinsam genießen – leben, um so alles zu vervielfachen, was das Leben so lebenswert macht. Tantrische Gedanken wären himmlisch.

Einzigartige, Verzaubernde, find Dich genial, begegne Dir auf Augenhöhe sehr ähnlich ergänzt und so, dass ein WIR zusammenwächst. Bitte nicht erschrecken über die Entfernung, ich bin absolut flexibel und total ortsungebunden – Büro zuhause. Liebe Ulla, ich freu mich auf Deine Idee und Sicht und aufs Kennenlernen, melde Dich bitte, damit ich wieder klare Gedanken hab?? Mein Bild häng ich dem E-Mail an, find mich nicht sooo fotogen, aber das bin ich – in natura reagiert's chemisch und funkt's elektrisch?? Tz.
So jetzt noch einen wundervollen, ganz erfolgreichen Di-Tag noch, ganz herzlichen, ganz lieben Gedankengruß aus dem Osten – von Friedhelm
Ich über mich (Hobbys, Aussehen, Träume ...): ich kann auch lachen

Friedhelm hat sich wirklich Mühe gemacht – nicht nur eine Zeile im Standardformular, nein, er hat mir gleich einen kleinen Liebesbrief geschrieben, hat Zeit investiert in seine Bewerbung. Aber warum die vielen Fragezeichen im Text? In der Schule habe ich gelernt, das Fragezeichen setzt man am Ende eines Fragesatzes. Aber du, mein lieber Friedhelm, setzt es auch häufig bei Aufzählungen – stellst du damit in Frage, was du über dich schreibst? Oder fragst du dich beim Schreiben selbst, ob du es wirklich so empfindest? Und natürlich wünschst du dir als Elektromechanikermeister, dass es zwischen uns elektrisch funken soll. Tantrische Gedanken sind mir allerdings eher fremd – damit habe ich mich bisher noch nicht auseinandergesetzt. Aber man lernt ja nie aus, vielleicht könnte mich da jemand in Neuland einführen, wenn – wie du so schön schreibst – es zu einer chemischen Reaktion kommt.

Also öffne ich wieder einmal sehr gespannt den Anhang.

Das Foto zeigt einen wirklich stattlichen Mann, die Sonnenbrille lässig auf die sehr hohe Stirn geschoben, die seitlich vorhandenen grauen Haare tanzen im Wind. Er trägt schwarze Hose, schwarze Schuhe, ein graues Poloshirt mit schwarzem Kragen und leicht geöffnetem Reißverschluss im Brustbereich – er blickt ernst, aber selbstbewusst in die Kamera. Und er ist wirklich sehr, sehr kräftig gebaut – ich schätze, er bringt gut 140 Kilo auf die Waage. Die rechte Hand schmückt eine große, sicher teure Armbanduhr und in der Hand hält er eine Plastikwasserflasche. Warum schickt er mir ausgerechnet dieses Foto mit der Wasserflasche in der Hand? Es scheint, dass er die Flasche schon ausgetrunken hat, denn er hält seinen Arm gerade nach unten und die Flaschenöffnung auch. Das würde man mit einer schweren, noch vollen Flasche eher nicht machen, die hält man mit angewinkeltem Arm an sich gedrückt. Was will er mir mit dieser Flasche in der Hand sagen? Aber vielleicht ist das Foto einfach nur an einem sehr heißen Tag entstanden und er hatte Durst und keine Zeit oder sah auch keine Notwendigkeit, die Wasserflasche für die Aufnahme wegzustellen.

So bleibt er in meiner Erinnerung, der stattliche Elektromechanikermeister aus dem Osten, dessen Bewerbung mich nicht so elektrisiert, dass ich ihn je treffen will. Und so schreibe ich ihm folgende höfliche Antwort:

Lieber Friedhelm, ich bin überwältigt von den Zusendungen und vor allem auch von Deinen netten Zeilen. Vielen Dank. Es ist schwierig, eine richtige Vorauswahl zu treffen, aber verzeih, wenn ich Dir mitteilen muss, dass ich in nächster Zeit vor allem Tiroler treffen werde. Du bist sicherlich ein gefühlvoller und wertvoller Mensch – aber für mich nicht der richtige Mann für die Zukunft. Viele liebe Grüße und danke für Dein Mail.

Gerald
Mellau

Standardformular von „Liebesg'schichten und Heiratssachen"

Mein Liebesbrief geht an:
Ulla
Was mir an ihr/ihm gefällt:
Dein ganzer Auftritt hat mir gefallen, ein sehr angenehmer und äußerst sympathischer Auftritt. Natürlich bist Du auch ein sehr hübsches Mädchen, wenn man das bei einer erfahrenen Frau, die mit beiden Beinen im Leben steht, noch sagen darf.
Ich über mich (Hobbys, Aussehen, Träume ...): über mich? Das ist für mich immer ein Horror, mich zu beschreiben, also beginne ich mal: bin aus Vorarlberg, 50 Jahre, Größe 180 cm, Gewicht ca. 82 kg, Figur würde ich mal als sportlich bezeichnen. Meine Hobbys sind: bin sehr gerne in den Bergen, ist derzeit mein Haupthobby, gehe gerne in Musicals, was mangels adäquatem Gegenüber schon länger her ist, das letzte Mal musste dann eben meine Tochter mitgehen, wir beide haben das aber sehr genossen! Als ich sah, wie Du über das Parkett geschwebt bist, muss ich leider gestehen, dass ich der absolute Antitänzer bin, was mir schon gelegentlich zum Verhängnis wurde. Habe Dir noch ein Foto mitgeschickt, aber Achtung, es ist 10 Jahre alt, habe mich nicht allzu sehr verändert, nicht dass Du Bedenken hast, dass plötzlich ein Glatzköpfiger vor Dir steht. (Smiley) Für den vorher beschriebenen Horror ist doch einiges zusammengekommen
Vorname: Gerald

Ein sehr hübsches Mädchen … danke. Wie lange kann man jemand als Mädchen bezeichnen? Ich würde sagen, bis Ende der Pubertät, maximal bis gut 20. Dann ist man ein hübsches Fräulein, mit 50 plus vielleicht noch eine attraktive Frau – aber, lieber Gerald, sicher kein hübsches Mädchen mehr, das sehe ich doch sehr sachlich.

Und warum schickst du mir ein Foto, das zehn Jahre alt ist? Also ich persönlich habe mich in den letzten zehn Jahren doch deutlich verändert, warum sollte das bei einem Mann anders sein? Nimmt man zum Beispiel nur jedes Jahr ein Kilo zu, wiegt man nach zehn Jahren zehn Kilo mehr und hat somit bestimmt zwei Kleidergrößen übersprungen. Darin kenne ich mich aus, darin habe ich Erfahrung. Also, hätte ich mir eine Bewerbung geschickt, dann wäre es mir wichtig gewesen, ein aktuelles Foto mitzuschicken – nicht, dass es dann zu unliebsamen Überraschungen kommt. Aber bitte, lieber Gerald, dann schau ich mir eben dein altes Foto an.

Wow! Das Schwarzweißfoto zeigt ein sympathisches Gesicht, blonde Locken, so ein nettes Lachen, ein umwerfend nettes Lachen, es entfacht in mir sofort einen Sympathiefluss – diesen Mann muss ich treffen, um festzustellen, ob er in natura auch so viele positive Schwingungen in mir entfacht. Und so schreibe ich ihm über meine eigens dafür eingerichtete Mailadresse einige Zeilen, ob wir uns nicht treffen können.

Die Antwort folgt sogleich: *Empfänger nicht erreichbar*

Ich suche – nein, er hat keine Adresse, außer dem Wohnort, und keine Telefonnummer hinterlassen. Aber es gibt ja Google – da findet man bekanntlich viel heraus. Also google ich und suche, leider ohne Erfolg, ein Gerald B. findet sich leider nicht in Mellau. Also schicke ich ihm noch ein Mail, ich bin ja 50 plus und nicht so Internet-erfahren, vielleicht habe ich die Mailadresse falsch eingetippt, aber ich erhalte wieder die Fehlermeldung – meine Antwort hat Gerald aus Mellau nie erreicht.

Lieber Gerald, es tut mir für dich und mich leid, ich werde nie wissen, ob du nicht gelogen hast und deine Haare seit diesem Foto nicht doch schütter oder zumindest grau geworden sind. Vielleicht hätten wir wunderbar harmoniert und wir hätten gemeinsam unzählige Musicalvorführungen besucht und viele Almen und Gipfel erklommen. Es hätte mir auch wirklich nichts ausgemacht, wenn du im letzten Jahrzehnt ein kleines Wohlstandsbäuchlein angesetzt hättest und durch einen Bandscheibenvorfall nur mehr 1,76 groß wärst.

Lieber Gerald, es tut mir leid – aufgrund deiner falsch angegebenen Mailadresse hast du die Frau deines Lebens – mich – nie getroffen.

Milan
Burgenland

Hallo Ulla,
habe dich bei Liebesgschicht und Heiratssachen gesehen und würde dich gerne kennenlernen, bin Milan, finde dich sehr nett und schön bin seit 2008 Geschieden und möchte nicht mehr allein sein bin 42 Jahre alt blaue Augen 181 Größ Sternzeichen Widdder das alder spiel keine rolle wenn es von Herzen die Liebe kommt habe keine Kinder trinke nicht rauche nicht Wohne im Burgenland würde dich gerne mal einladen ein Wochenende mechte die zweisammkeit mit dir an meiner seite Geniesen bin gerne in der Natur schwimen, Radfahren, Einkaufen fahren auch mal Urlaub. Arbeit in Eisenstadt bei einer Baufirma als Kranführer gelehrnt hab ich Maurer meine Ex Frau konnte mit dem Geld nicht umgehen mus mein Haus verkaufen habe eine feine Miet Wohnung, suche eine ehrlich treue Frau ich bin ehrlich und treuer Singelmann. Ein kleiner Blumen gruß für dich Ulla. Du kannst mir ja schreiben oder anrufen Tel …
Milan

Diese Zeilen lese ich in einem Billett mit schönen, bunten, modernen Blümchen in den Farben Grün, Rosa, Orange und in der Mitte im ganzen Blumenmeer der Aufdruck „Für DICH".

Ganz am Ende des handgeschriebenen Textes hat er ein Passfoto eingeklebt. Ich lese seine Zeilen und stelle fest, die Rechtschreibung ist nicht seine Stärke, aber das macht eigentlich nichts, das sagt nichts darüber aus, ob jemand ein Mensch mit Herz ist – nur welche Schulbildung er hat, nicht welche Herzensbildung. Allerdings zähle ich zu jenen Frauen, die gern zu einem Mann hinaufsehen oder ihm zumindest auf selber Augenhöhe begegnen wollen, und dazu gehört meines Erachtens auch ein zumindest ebenbürtiges Bildungsniveau.

Das Foto zeigt einen Mann mit sehr hoher Stirn, gut genährt, ein richtiger Genießer, Mund zu einem verlegenen Schmunzeln leicht nach rechts oben verzogen, blau-weiß kariertes Hemd und blaue Strickjacke mit Zipp über dem stämmigen Oberkörper.

Und im Billett – ein Zehneuroschein.

Seine letzte Frau, von der er nun geschieden ist, konnte nicht mit Geld umgehen. Und da ist er bei mir gleich wieder großzügig und schickt mir zehn Euro – ob diese zehn Euro für den Blumengruß gedacht sind oder für ein teures Telefonat von Tirol ins Burgenland, das schreibt er leider nicht. Ich gehe aber eher davon aus, dass ich mir davon Blumen kaufen darf, die ich dann in meiner Wohnung nett platzieren kann und die mir beweisen sollen, dass er ernste Absichten hat.

Ich überlege, ob ich ihm den Geldschein retournieren soll, mir ist es peinlich, dass mir ein Fremder Geld schenkt, ich habe doch einen guten Job und benötige keine Unterstützung, ich bin unabhängig und auch stolz darauf, dass ich mich selbst erhalten kann. Aber dann überlege ich mir auch seine Beweggründe und seinen Mut, an mich zu schreiben, an eine Frau, deren geschmackvolle Wohnung groß zu sehen war, und die sehr selbstsicher auf die Fragen von Frau Spira geantwortet hat. Ich beschließe, dass ich mir wirklich ein nettes Sträußchen kaufe und mich dann mit einer wunderschönen Ansichtskarte aus Innsbruck bei ihm bedanke.

Dieser Mann ist wohl auch sehr einsam und hat sich von mir in der Sendung angesprochen gefühlt und mir voller

Hoffnung geschrieben. Er wollte mir eine Freude machen, mich ein wenig beeindrucken damit, dass er bereit ist, eine Frau auch mit finanzieller Zuwendung zu verwöhnen. Es berührt mich, dass er sich für uns sogar eine gemeinsame Zukunft erhofft. Ich möchte ihn nicht verletzen, ich muss ihm einfach wirklich sehr nett danken und gleichzeitig mitteilen, das er als Lebenspartner für mich leider nicht der Richtige ist – ein Treffen daher keinen Sinn hat. Ich hoffe, ich mache ihn nicht traurig und er bereut nicht, mir die zehn Euro geschickt zu haben.

Meine Mama hat uns immer gelehrt, wenn man jemandem etwas schenkt, dann von Herzen – und was man einmal verschenkt hat, darf man nie mehr zurückfordern. Ich schätze ihn auch so ein, er will das Geld nicht zurück. Aber über mein Dankesschreiben und ein Zeichen meiner Anerkennung, dass er sich die Mühe gemacht hat, das nette Billett zu finden und mir zu schreiben, darüber wird er sich sicher freuen.

Lieber Milan aus dem Burgenland, es tut mir leid – Du bist wirklich nicht ganz der Mann, den ich mit meinem Auftritt erreichen wollte, nicht der Partner, mit dem ich mir die Zukunft ausmalen könnte.

Ob er wohl meine Ansichtskarte aus Innsbruck in seinem Spind aufgehängt hat?

Rupert
Bad Reichenhall

Liebe Ulla,
am 26.8. habe ich Dich in der Sendung gesehen und war hin und weg. Ich würde Dich gerne kennenlernen und würde mich freuen, wenn ich Dein Traummann wäre.
Zu meiner Person, ich bin seit ca. 5 Jahren geschieden/nach 25 Jahren, habe eine Tochter, die in der Schweiz lebt. Ich bin 62 Jahre, 173 groß und stramme 75 kg. Beruflich bin ich als Vertreter für Uhren ziemlich viel im Auto unterwegs. Eine Autofahrt nach Innsbruck würde mir jetzt besonders viel Spaß machen. So, liebe Ulla, ich würde mich freuen, wenn Du Dich meldest oder sogar anrufst und bis dahin liege ich mit Herzklopfen auf der Couch und warte auf Dich oder einen Anruf. Ach so, ja, ich wohne in Bayern, in der Nähe von Bad Reichenhall. So, liebe Ullamaus, jetzt liegt es an Dir, einen Piefke glücklich zu machen. Lass mich nicht zu lange warten, ich bin auch nicht mehr der Jüngste. Hier gleich noch meine Telefonnummer …
A Bussal
Rupert

Dieser handgeschriebene Brief steckt in einem blau-weiß karierten Umschlag, damit möchte er wohl gleich seine bayrischen Wurzeln aufzeigen.

Auffällig große G- und J-Schlingen – ich habe einmal ein Buch über die Deutung von Handschriften gelesen, darin stand, dass man an den G-Schlingen die Potenz erkennt – wenn das stimmt, dann ist er sehr potent. Und er schreibt witzig und er radelt gern – immerhin hat er ein Foto von sich beim Radeln beigelegt. Allerdings sieht man auf dem Bild mehr Natur als Mensch, er ist nur ganz klein abgelichtet und unter Sturzhelm und großer Sportbrille erkennt man nicht viel. Aber er macht mich neugierig – ihn möchte ich treffen.

Ich zögere nicht lange und rufe ihn am Freitagabend an. Ich mag den bayrischen Dialekt und wir führen gleich ein sehr angeregtes Gespräch. Er bestätigt mir, dass wir zumindest ein gemeinsames Hobby sehr schätzen – das Mountainbiken – und er schlägt mir vor, dass wir uns schon am darauffolgenden Sonntag in Kufstein zum Radeln treffen, denn er hat sowieso ein verlängertes Wochenende bei Freunden in Tirol geplant, und einen Ausflug würde er dann gern mit mir unternehmen. Das finde ich eine ausgezeichnete Idee, eine Radtour ist eine gute Gelegenheit, sich kennenzulernen. Und so finde ich mich am Sonntag pünktlich um 8:30 Uhr beim vereinbarten Parkplatz ein.

Er wartet schon auf mich, es ist der einzige Kombi mit deutschem Kennzeichen, ein weißer VW Passat, das typische Vertreterauto. Da steht er nun, der waschechte Bayer mit Radlerdress in Lederhosendesign. Schaut witzig aus, und sein Gesicht auch, mit dem großen, grauen Schnauzbart. Dafür hat er keine weiteren Haare am Kopf – nur diesen auffälligen Kaiserbart. Er begrüßt mich sehr freundlich und hilft mir beim Abladen des Fahrrads. Und schon starten wir los. Er hat für uns eine kleine Tour geplant, er kennt sich in Kufstein und Umgebung aus, war er doch mit seiner Exfrau viele Male in der Gegend zum Radeln. Ich bin keine schlechte Radlerin, aber er tritt gleich so in die Pedale, dass ich ihm kaum folgen kann. Will er mir zeigen, wie gut er trainiert ist? Einige Zeit kann ich mithalten, aber nach den ersten beiden größeren Steigungen falle ich zurück. Da wartet er wieder auf mich, aber kaum bin ich wieder bei ihm angelangt, sprintet er gleich wieder los. Na, das kann ja heiter werden. Zumindest bekomme ich heute ein super Training. Wir verlassen den Radweg und erreichen einen Forstweg, der laut Beschilderung in eineinhalb Stunden bei einer netten Alm endet. Er winkt mir zu – und startet durch.

Ich kämpfe mich Serpentine um Serpentine nach oben. Meinen Bayern sehe ich erst wieder auf der Alm. Nicht *einmal* ist er abgestiegen und hat auf mich gewartet oder geschaut, ob es mir gut geht. Sehr rücksichtsvoll, das muss ich schon sagen. Genau so habe ich mir einen ersten gemeinsamen Radausflug vorgestellt.

Ich setze mich fix und fertig hin und er meint nur: „Tolle Aussicht – bin super in Form für 62 – findest du nicht auch?“ Soll ich ihn jetzt auch noch bewundern dafür, dass er es mir gezeigt hat?

Wir bestellen beide eine Kaspressknödelsuppe und einen Apfelsaft gespritzt. Wir genießen die warmen Sonnenstrahlen und schließlich ruft er: „Bitte zahlen!“ Die Kellnerin fragt: „Alles zusammen?“ Und er sagt – ja, ich höre richtig: „Nein, bitte getrennt.“ Das kann wohl nicht wahr sein. Ich erwarte nicht, dass mich ein Mann finanziert, mir Kleider, Schuhe, Betriebskosten und Urlaube bezahlt, aber zumindest beim ersten Date, da erwarte ich mir doch, dass mich der Mann einlädt. Das sind einfach Umgangsformen, die sich in unserer Gesellschaft eingebürgert haben – zumindest in meiner Generation. Ein Mann, der eine Frau erobern möchte, bezahlt beim ersten Date. Aber nicht ein echter Bayer, nicht dieser Bayer, aber kein Problem, natürlich habe ich Geld mit und übernehme meine Zeche. Damit hat er gleich zwei große Minus, erstens lässt er mich zahlen und zweitens radelt er ohne Rücksichtnahme.

Bei der Abfahrt ändert er natürlich nichts an seinem Verhalten – wieder gibt er Vollgas und ist lange vor mir im Flachstück und wartet schon ungeduldig auf mein Eintreffen. „Jo Madl, hast Schiss vor der Abfahrt – goi?“ Ja, ich habe großen Respekt vor jeder Abfahrt, vor allem seit ich vor einem Jahr einen wilden Sturz überstanden habe, fahre ich nur mehr langsam den Berg hinunter. Ich habe ja am eigenen Leib erfahren, wie schnell man stürzen kann. Ich bin richtig froh, dass wir wieder heil und gesund am Parkplatz eintreffen.

Da wird er dann großzügig und lädt mich ein, mich noch ein bisschen zu ihm ins Auto zu setzten. Er hat einen Flachmann mit und möchte mit mir auf unsere erste gemeinsame Radtour anstoßen. Will er mir jetzt näherkommen? Also gut, ich setze mich zu ihm ins Auto und wir stoßen mit zwei Stamperln auf unseren ersten gemeinsamen Ausflug an. Er erzählt mir von den vielen Routen, die er in Kufstein und Umgebung noch kennt, und die er mir alle gern zeigen möchte, wenn ich noch etwas mehr an meiner Kondition arbeite. Und dann riecht es auf einmal so eigenartig. Ich runzle die Stirn – täusche ich mich oder nicht? Aber meine feine Nase durchdringt ein immer intensiverer, scharfer, grausliger Geruch. Nein, ich irre mich nicht, es stinkt nach einem echt bayrischen „Wind“. Blähungen sind ja etwas Natürliches und Männer müssen die bekanntlich öfter „rauslassen“, um keine Darmkrämpfe zu bekommen. Aber beim ersten Date gleich so einen „Koffer“ hinzustellen, mein lieber Bayer, das ist schon eine rustikale Nummer. Ich öffne schnell die Autotür, damit etwas frische Luft nachströmt, und steige auch gleich aus und verabschiede mich mit ein paar Floskeln. Dass ich jetzt erst einmal noch weitere Kandidaten aus Tirol treffen werde und ich ja noch so viele Zuschriften zu beantworten hätte und unser Treffen jetzt erst nachwirken lassen möchte und mich gegebenenfalls wieder melden werde.

Aber schon bei der Auffahrt auf die Autobahn weiß ich, er wird von mir nie mehr hören. Er ist ein rücksichtsloser Sportfanatiker, geizig und auch noch ein Stinker – nein danke, da radle ich lieber wieder allein durch die Natur.

Harald
Drasenhofen

Standardformular von „Liebesg'schichten und Heiratssachen"

Mein Liebesbrief geht an:
Ulla
Was mir an ihr/ihm gefällt:
Du siehst einfach toll aus. Ich hab Dich gesehen und da war dieses einmalige Gefühl. Mir geht's wie Dir. Ich sehe einen Menschen und es passt oder nicht. Und mit Dir, das passt, glaube ich.
Ich über mich: Ich bin 53 Jahre, geschieden, habe zwei erwachsene Kinder, die ich alleine erzogen habe. Diese Woche bin ich zum zweiten Mal Großvater geworden und bin sehr glücklich. Ich gehe 5 bis 6 Mal in der Woche ins Fitnessstudio, bin noch berufstätig und sehr sportlich. Zigaretten und Alkohol sind für mich ein absolutes No-Go. Meine Kinder bedeuten mir sehr viel. Sie sind zwar schon erwachsen und außer Haus, aber wer mit mir zusammen sein will, der sollte sich auch mit ihnen verstehen.
Anhang: Foto

Meine Hochachtung, ein Mann, der zwei Kinder allein großgezogen hat – das ist eine Leistung, davor verneige ich mich voller Anerkennung. Das hat er sicher nur mit sehr viel Disziplin geschafft. Ich kenne viele alleinerziehende Frauen, aber eigentlich fast keine Männer, die vom Schicksal dazu gezwungen wurden. Was ist wohl mit seiner Frau passiert? Vielleicht ist sie auch gestorben und er musste seine Kinder deshalb allein großziehen, oder sie ist mit einem anderen durchgebrannt. Beides ein hartes Los für einen Mann. Und ich verstehe nur zu gut, dass seine zukünftige Lebenspartnerin auch seine Kinder akzeptieren muss – ich würde meinen geliebten Sohn auch nie verleugnen, er wird immer ein wichtiger Bestandteil in meinem Leben sein, und auf Enkelkinder, die ich gern regelmäßig betreuen möchte, auf die freue ich mich auch schon.

Wahrscheinlich ist es ihm wie mir gegangen, er hatte durch die vielen Pflichten mit Kindern und Beruf kaum Zeit für eine neue Beziehung. Und um das alles auszuhalten, hat er sich im Fitnessstudio betätigt, um seinen Frust und Stress abzubauen und den Körper fit zu halten

Also, wo ist der Anhang, wo ist sein Foto? Klick – tja, er zeigt so ziemlich alles, was er hat. In einem netten kleinen Garten steht ein riesengroßer runder Pool, so einer, wie er jeden Sommer bei Hofer angeboten wird, den man ohne großen Aufwand, ohne Mühe und ohne Grabungsarbeiten, in jedem Garten aufstellen kann. Im Pool schwimmen eine Luftmatratze und einige Schwimmschlangen, und ums Pool sind eher provisorisch Waschbetonplatten verlegt. Im Hintergrund sieht man viele keine Reihenhäuser, eine friedliche, ländliche Vorstadtatmosphäre strahlt das Foto aus. Und vor dem Pool steht er – Harald – in knapper Badehose und zeigt einen muskulösen, trainierten Körper und schaut mit ernstem Blick durch seine Sonnenbrille, die rechte Hand auf die Hüfte gestützt, die linke an der Poolwand. Er ist barfuß und seine Beine sind sehr, sehr schlank und unbehaart. Dafür hat er am Kopf noch viele Haare, aber das ist ja eigentlich alles gar nicht wichtig. Ich kann mir gut vorstellen, dass er für diese Brust- und Bauchmuskeln viel trainieren musste – so wie er ja schreibt, gut und gern fünf- bis sechsmal pro Woche. Nur – mich spricht diese Vorstadtidylle so überhaupt nicht an, und auch er nicht. Und was mache ich in Drasenhofen? Zufällig kenne ich den Ort, weil ich dort Verwandte habe. Ich könnte mir nie vorstellen, dorthin zu ziehen, ich liebe meine Berge und meine Umgebung. Und ich genieße es, mit dem Mann meines Herzens auf der Terrasse zu sitzen und ein gutes Glas Wein zu trinken. Das würde er niemals machen, er schreibt ja, das ist für ihn ein absolutes No-Go. Ich bin keine Trinkerin, aber der gemeinsame Genuss eines guten Essens und einer guten Flasche Wein – das gehört für mich absolut zur Lebensfreude dazu. Also beschließe ich, ihm höflich abzusagen, es bringt nichts, jemanden zu treffen, der zu weit weg wohnt und der mich auch nicht anspricht. Auch wenn er seinen Kindern sicher ein toller Vater war – er kommt für mich nicht in die nähre Auswahl und ich schreibe ihm:

Lieber Harald,
vielen Dank für Deine lieben Zeilen – aber ich glaube nicht, dass wir zusammenpassen würden.
Ich gehe auch gern ins Fitnessstudio, aber genauso gern trinke ich ein oder auch zwei Gläser Wein. Gutes Essen und Trinken gehören für mich zur Lebensfreude.
Außerdem wohnst Du doch ziemlich weit von meinem Heimatort entfernt.
Ich werde mich also auf die netten Mailschreiber aus meiner engeren Umgebung konzentrieren.
Bitte nicht böse sein – und vielen Dank fürs Schreiben.
U.

*

Yeti 14

Hallo liebe Ulla,
da hast Du etwas falsch verstanden. ICH rauche und trinke nicht. Wenn ich eine Partnerin habe, ist es ihre Entscheidung, ob sie raucht oder nicht.
Die Entfernung zwischen unsren beiden Wohnorten sehe ich nicht als Problem. Es gibt Menschen, die waren Tausende Kilometer voneinander entfernt und haben sich trotzdem ineinander verliebt.
Dafür müsste man natürlich seine sichere und gewohnte Umgebung einmal verlassen und etwas riskieren im Leben. Schade, so hätte ich Dich eigentlich eingeschätzt: eine mutige Frau, die ab und zu einmal aus ihrem Alltag ausbricht und etwas wagt. Aber da habe ich mich in Dir getäuscht. Na ja, wird nicht das erste und auch nicht das letzte Mal sein in meinem Leben.
Ich wünsche noch alles Gute auf Deinen EINFACHEN Wegen durchs Leben.
Harald

Oje, da habe ich ihn mit meiner Absage wohl gekränkt. Das wollte ich nicht. Es wird schon stimmen, dass sich Menschen ineinander verlieben und die Kilometer dann keine Rolle spielen. Aber wenn ich das Projekt Partnerschaft schon so gezielt angehe, dann möchte ich es auch etwas steuern. Ich lebe sehr gern in Tirol und schätze mein Netzwerk, das ich mir in all den Jahren aufgebaut habe – meine Freunde, meine Familie, meine Hobbys, meinen Beruf. Ich möchte meine Heimat nicht verlassen, daher wäre es einfacher, jemanden aus der näheren Umgebung näher kennen und lieben zu lernen. Tut mir leid, so mutig bin ich nicht, dass ich mich mit jemandem bewusst einlasse, der über 500 Kilometer von mir entfernt lebt. Etwas anderes ist es, wenn einem das zufällig passiert, man durch Zufall jemanden kennenlernt, sich Hals über Kopf verliebt. Aber weder bei den Zeilen, die er mir geschrieben hat, noch bei dem Foto in Badehose in seinem Gärtchen ist bei mir die Neugierde auf ein verrücktes Abenteuer erwacht. Ich bin 50 plus, da überlegt man doch auch ein bisschen, was Sinn macht. Und der Kreis um mein Zuhause, den ich mit circa 200 Kilometer Entfernung gezogen habe, ist doch vernünftig – jede Fernbeziehung ist irgendwann zum Scheitern verdammt, außer man will seinen Hauptwohnsitz nochmals komplett verlegen. Und das will ich nicht. Er wünscht mir alles Gute auf meinem einfachen Weg durchs Leben, das klingt etwas vorwurfsvoll. Mein Lebensweg war nicht einfach, und ich sehe meine Zukunft nicht nur emotional, sondern altersgemäß auch mit Vernunft. Ich kann meinen Job, den ich nun über 17 Jahre bei derselben Firma ausübe, nicht einfach kündigen und ich kann meine Eigentumswohnung, die mir gefällt, und meine Heimatstadt, die ich liebe, nicht einfach über Bord werfen.

Also gut, ich wähle den einfachen Weg und ziehe nicht nach Drasenhofen – aber ich bin mir sicher, dort würde ich nie glücklich werden, also ist es für mich der richtige Weg.

Erwin
Meran

Standardformular von „Liebesg'schichten und Heiratssachen"

Mein Liebesbrief geht an:
Ulla
Was mir an ihr/ihm gefällt:
hübsche Frau
Ich über mich (Hobbys, Aussehen, Träume …): Radfahren, Schwimmen
Vorname: Erwin
Anhang: Foto

Der erste Kandidat aus Südtirol, wie nett. Meran gefällt mir gut. Viel hat er nicht geschrieben, aber schauen wir mal, wie er aussieht, davon mache ich es abhängig, ob ich ihm schreibe oder nicht.

Klick, und siehe da, ein braungebrannter junger Mann in Modelpose auf einem Boot ausgestreckt, nur mit Badehose bekleidet, lacht mir entgegen. Seine Sonnenbrille verdeckt seine Augen, seine brünetten Locken sind vom Wind zerzaust, er hat eine umwerfende Figur und einen Waschbrettbauch. Dieser Mann hat keine Berufsangaben gemacht, aber wenn er mir erzählen würde, er arbeitet als Model – ich würde es ihm sofort abnehmen. *Aber* – er ist höchsten 35 Jahre alt. Warum schreibt er ausgerechnet *mir*? Der sucht sicher keine Beziehung, sondern ein sexuelles Abenteuer, oder er hat einen Mutterkomplex. Ich sehe das vollkommen realistisch – ich sehe morgens meine Augenfalten im Spiegel,

ich habe mich mit ihnen angefreundet, sie begleiten mich ja nun schon viele Jahre durchs Leben, aber ich bin trotz einer gewissen Kurzsichtigkeit nicht so blind, dass ich mein Äußeres nicht realistisch einschätze. Dieser Mann fällt nicht in mein „Beuteschema", der ist richtig fesch, knackig – aber einfach viel zu jung.
Ich schreibe ihm also:

Vielen Dank für die nette Anfrage, aber Du bist einfach zu jung für mich.

Er antwortet noch am selben Tag:

Und ich dachte, wir wären derselbe Jahrgang.

Das entlockt mir wieder einmal ein Schmunzeln – so ein Schmeichler – wie tut das einer Frau mit 50 plus doch gut, in kurzer Zeit so viele nette Zeilen und Zuwendung zu bekommen. Selbst wenn manche Komplimente übertrieben wirken, so tun sie doch auch gut.

Peppi
Langkampfen

Liebe Ulla,
ich bin sehr begeistert von Deiner lieben Ausstrahlung in Deinem kurzen, aber netten Beitrag vom 26.8.2013. Auch Dein Auftreten als Tänzerin bedeutet für mich, dass Du sehr selbstbewusst im Leben stehst. Du bist wirklich eine sehr attraktive Frau, an deren Seite ich gerne sein möchte!
Mein Name ist Peppi, bin 54 Jahre alt und wohne in Langkampfen in einem kleinen Einfamilienhaus im Grünen. Ich rauche nicht. Von Beruf bin ich Techniker und arbeite seit 15 Jahren in der Forschung & Entwicklung.
Leider bin ich seit über 19 Jahren geschieden und habe meine bereits erwachsenen zwei Söhne alleine aufgezogen. Manfred ist 25 Jahre alt, gelernter Spengler und arbeitet bei der Firma …, Peter ist 23 Jahre alt, hat nach langer Arbeitssuche einen netten Job als Verkäufer bekommen. Beide Jungs leben seit meiner Scheidung bei mir, aber es fehlt an sehr vielen Stellen eine nette weibliche Hand, die sich um das Haus, das Kochen und unsere Wäsche kümmert. Vor über fünfzehn Jahren konnten wir unser neues Haus beziehen und sind sehr froh über unser gemeinsames Heim. Jedoch ist noch ein Platz frei für eine sehr nette Hausprinzessin, vielleicht wie DU!
Mein Hobby ist seit meiner Kindheit meine große Modelleisenbahn, der ich im Keller viel Platz eingeräumt habe. Viele der wertvollen Lokomotiven habe ich in einer Vitrine bei diversen Ausstellungen ausgestellt. Bei einigen Ausstellungen werde ich als Ausstellungskoordinator herangezogen. Natürlich darf auch die Familie, Haus und Garten nicht zu kurz kommen.

Um etwas für die Gesundheit zu tun gehe ich öfters nach der Arbeit walken oder am Wochenende mit Freunden oder den Jungs wandern in unsere schönen Berge. Auch bei der Gartenarbeit fühle ich mich sehr wohl. Wenn, dann verreise ich nur einmal kurz übers Wochenende und verbringe ein paar Wellnesstage in der Steiermark oder Kärnten. Ich fühle mich zu Hause einfach sehr wohl, wozu soll ich da ins Ausland verreisen, daheim ist es am schönsten.
Nach all den vielen Jahren ohne Partnerin sehne ich mich auch nach Zärtlichkeit, Geborgenheit und Herzenswärme und natürlich gemeinsam Hand in Hand durchs Leben zu gehen.
Wenn Du Interesse hast an einer Bekanntschaft, dann schreib mir einfach ein kurzes E-Mail.
Wünsche alles Gute, vielleicht höre ich etwas von Dir.
Liebe Grüße
Peppi

Das sind ja eigentlich nette Zeilen – aber ich kann mir nicht vorstellen, wie ich als Hausprinzessin die Wäsche bügle, während mein Pepperl im Keller seine Modelle zusammenbaut. Ich bin so gar nicht der häusliche, ländliche Typ. Ich habe seit Jahren eine Putzfrau, und meine letzten Jahre als biedere Hausfrau am Land zu verbringen – wenn auch mit einem liebenden Mann – nein, leider, das reizt mich nicht.

Ich war bereits in Peru, Vietnam, Brasilien und fliege heuer nach China, und ich finde es sehr reizvoll, ferne Länder zu entdecken. Dazu könnte ich dich, lieber Peppi, wohl kaum motivieren. Und was würdest du wohl sagen, wenn ich mit meiner Freundin um den Erdball fliege, während du im Garten die Ribisel erntest. Ich denke, du bist ein sehr lieber, gefühlvoller Mann, aber deine Lebensweise unterscheidet sich doch gewaltig von meiner großstädtischen Lebensart.

Du könntest mit meinen Aktivitäten und meinen Lebenszielen kaum Schritt halten, und es würde dir auch nicht gefallen, mein unruhiges, aber sehr lebendiges Leben.

Ich bedanke mich daher freundlich für das nette Schreiben, aber ein Treffen vereinbare ich nicht. Das klingt mir einfach zu bieder – wenn auch sehr herzlich.

Ralf
Mondsee

Liebe Ulla,
Wie kommt's, dass ich Ihnen schreibe!
Eher zufällig geh ich von meiner Terrasse ins Wohnzimmer und sehe Sie, wie Sie in ORF 2 Ihre Person und Ihre Vorstellung von einer Partnerschaft auf eine ganz, ganz nette und liebe Art ausdrücken. Kurz zuvor habe ich selbst über wieder einen nächsten Urlaub sowie das Leben allein und dessen Leere nachgedacht. Beruflich voll ausgelastet – Privatleben mit einer lieben, intelligenten Frau – Fehlanzeige.
Ihre sooo… lieben und doch gar nicht leicht erfüllbaren Wünsche teile ich ebenso!!!
Ihnen schreibt: jugendlicher Typ passenden Alters, dunkel, Stil in Jeans und Krawatte, sportlich mit Sinn für Ästethik und – Herz.
Vielleicht sind Sie neugierig auf das Original – hoffentlich!!!
Sie jedenfalls würde ICH sehr gern kennenlernen – Alles Liebe!

Ein Mann passenden Alters, allerdings von der Entfernung her über dem Radius, den ich mir gesteckt habe – maximal 200 Kilometer –, aber nicht uninteressant. Ich fasse mir ein Herz und rufe ihn an. Wir führen ein sehr nettes Gespräch, in dem sich herausstellt, dass er vor 15 Jahren von Hamburg an den Mondsee gezogen ist, sein Hochdeutsch verrät auch gleich seine Herkunft. Er ist ein intelligenter Gesprächspartner und wir stellen fest, dass wir dasselbe vermissen – einen Lebenspartner, mit dem man die Wochenenden und Urlaube teilen kann.

Die Entfernung schreckt ihn nicht, da er gerne Auto fährt – mich schon, weil mir die Vorstellung, jedes Wochenende viele Kilometer abzuspulen, nicht zusagt. Wir einigen uns auf ein Treffen in Kitzbühel, sodass er die größere und ich die kleinere Strecke zurücklegen muss. Ich bitte ihn um ein Foto, aber er verweigert es, und so lasse ich mich auf das Abenteuer eines wirklichen *Blind* Dates ein: Ich treffe einen Mann, von dem ich nur einige Zeilen und ein kurzes Telefonat kenne und sonst nichts. Irgendwie ist das auch eine spannende Situation. Wie wird er aussehen? Werde ich freudig überrascht sein oder entsetzt? Und mit jedem Kilometer, den ich zurücklege, wird mein Erstaunen über mich selbst größer, worauf habe ich mich da nur eingelassen? Sicherheitshalber rufe ich meine Freundin an und gebe ihr die Telefonnummer meines Kandidaten bekannt und wir vereinbaren, dass sie mich am Nachmittag anruft, ob alles in Ordnung ist, und sie für den Fall, dass ich mich nicht innerhalb einer Stunde melde oder zurückrufe, die Polizei verständigt. Sie ist eher entsetzt von meinem Vorhaben, einen gänzlich Fremden in Kitzbühel zu treffen. Ich beruhige sie und mich zugleich, dass dieser Ralf so nett geklungen hat, dass er kein Mörder oder Vergewaltiger sein kann. Aber wirklich wohl ist mir auch nicht mehr, die Welt ist voll von Blendern, was, wenn er wirklich ein Lügner und Hochstapler ist? Aber ich habe ja seine Telefonnummer gegoogelt und ich habe seinen Nachnamen und seine Adresse, er kann mich also nicht überfallen und entführen, ohne dass meine Freundin sofort Alarm schlagen würde, und die Polizei kann uns dann mittels Handy-Ortung sofort ausfindig machen. So passiert das immer bei „Soko Kitzbühel". Also, meine Rückendeckung habe ich eingefädelt, nun hoffe ich wieder auf meine positiven Erfahrungen mit der

Menschheit. Manchmal fahre ich mit dem Fahrrad das ganze Wochenende an einem Fluss entlang und vertraue immer darauf, dass ich, sollte ich mich verfahren oder eine Panne haben, auf jemanden treffe, der mir weiterhilft. Und mit dieser Einstellung habe ich schon viele Radkilometer zurückgelegt und viele nette, hilfsbereite Menschen getroffen. Also beruhige ich mich – mein Ralf aus meinem Bewerberordner ist nur ein einsamer Mann, der genau wie ich das Glück in der Liebe sucht.

Wir haben uns in einem Café verabredet. Ich war schon ewig nicht mehr in der Gegend und kann mich nicht mehr daran erinnern, wie lange ich von Innsbruck nach Kitzbühel brauche. Da ich zur Pünktlichkeit erzogen wurde, starte ich rechtzeig. Die Anfahrt ist anstrengend, es ist Samstag und es herrscht viel Urlaubsverkehr. Ich komme oft nur langsam voran und ans Überholen ist auf dieser Straße und bei dem Gegenverkehr nicht zu denken. Aber es ist eine wunderschöne Gegend, der Wilde Kaiser wird von der Sonne angestrahlt, wir haben uns einen traumhaften Herbsttag ausgesucht für unser Kennenlernen. Ich bin müde von der anstrengenden Arbeitswoche, und eigentlich versuche ich am Wochenende nur kleine Ausflüge zu unternehmen, ich hasse lange Autofahrten, sie strengen mich an. Ich muss beruflich oft viele Kilometer zurücklegen und bin froh, wenn ich am Wochenende wenig Zeit hinter dem Lenkrad verbringe, lieber bewege ich mich in der freien Natur.

Ich bin zu früh dran. Macht nichts, ich schaue mir gerne Ortschaften an und in Kitzbühel gibt es so tolle Boutiquen, also bummle ich ein bisschen durch die Stadt. Schließlich darf eine Dame ja nicht *viel* zu früh zum Date erscheinen. Passend ist, wenn sie kurz nach ihm eintrifft, mal sehen, ob ich das timen kann. Die Verabredung zum späten Frühstück rückt näher und ich werde langsam nervös. Wie wird mein Deutscher aussehen und welche Gefühle wird unsere erste Begegnung wecken? Ich finde dieses Abenteuer nun schon sehr reizvoll. Wer in meinem Alter hat schon solch spannende Begegnungen? Wer nicht wagt, nichts gewinnt – und ich fahre zum vereinbarten Café und parke erst einmal ein. Ich schaue mich um, kein Kennzeichen, das auf ihn schließen ließe. Ich bin wohl immer noch zu früh, er ist noch nicht da. Ich schaue auf mein Handy und sehe, dass er mir ein SMS geschrieben hat – dass er sich aufgrund des starken Verkehrs verspäten wird. Was soll ich jetzt tun? Schon in das Lokal gehen und dort auf ihn warten? Aber ich habe ja keine Ahnung, wie er aussieht, er kennt mich allerdings von der Sendung. Was, wenn ich ihm in natura nicht mehr gefalle und er sich verstohlen wieder davonschleicht? Irgendwie ist mir das Ganze jetzt peinlich. Was soll ich mit diesem Wildfremden reden und wie lange frühstücken wir gemeinsam? Er hat über 100 Kilometer für mich zurückgelegt, wird vielleicht sogar über Nacht in Kitzbühel bleiben. Erwartet er, dass ich auch hier übernachte? Ich habe auf jeden Fall weder Zahnbürste noch Koffer mitgenommen, ich möchte diesen Mann vorerst einmal treffen, alles andere wird dann folgen – oder auch nicht. Nein, ich gehe nicht ins Lokal, ich beschließe, im Auto zu warten und im Rückspiegel zu beobachten, wer auf dem großen Parkplatz einparkt, welches Kennzeichen seines sein könnte, und ihn mir erst einmal aus sicherer Entfernung anzusehen, damit die positive oder negative Überraschung nicht gleich in meinem Gesicht abzulesen ist.

Es dauert rund zehn Minuten, aber wenn man wartet, sind zehn Minuten eine ziemlich lange Zeit. Dann fährt ein schicker blauer BMW mit Stoffverdeck auf den Parkplatz und reiht sich schwungvoll ein. Tja, er hat ja am Telefon erzählt, dass er ein erfolgreicher Geschäftsmann ist. Das Auto, das er fährt, ist nicht billig. Ich kenne zwar keine Autopreislisten, aber das sieht man auch so. Jetzt bin ich aber gespannt auf den Fahrer. Aus dem Auto steigt ein circa 1,75 großer Mann, braungebrannt, schwarze Haare (sind die gefärbt oder natur? – Ich tippe auf gefärbt, denn soooo ein Schwarz gibt's nicht in der Natur), schick gekleidet, mit dunkelblauer Hose, edlem gestreiftem Hemd und blauem Dinnerjacket, vorne geknöpft, und rosa Krawatte. Einen beigen Mantel hat er lose umgehängt, und er schaut sich suchend um. Ich steige aus und gehe auf ihn zu. „Sind Sie –" „Ja, ich bin Ralf", antwortet er und lädt mich ein, mit ihm zu frühstücken. Er erzählt mir, dass er oft in Kitzbühel sei, weil ihm die Berge hier so gefallen und er auch schon viele Gasthäuser und Restaurants kenne und dort wie ein alter Stammgast willkommen geheißen werde. Er bestellt Kakao und Zwetschkenfleck mit Schlag und wir unterhalten uns sehr gut. Er arbeitet in derselben Branche wie ich und das ergibt natürlich sehr viel Gesprächsstoff. Er schildert mir, wie schön er in seinem Penthouse mit Blick auf den See lebt, dass er es aber wegen der vielen Arbeit kaum nützt, außer zum Schlafen, und manchmal seine Terrasse, an den lauen, einsamen Abenden, die ich auch nur zu gut kenne. Und er erzählt mir von seinem Segelboot am See, von seiner Motorjacht am Meer und seinen Wochenenden, an denen er oft allein im Kaffeehaus sitzt und alle Zeitungen liest und dann wieder allein nach Italien fährt, um gut zu essen und die südländische Atmosphäre zu genießen. Frau hatte er schon lange keine an seiner Seite, wo auch sollte er eine kennenlernen? Wenn er arbeitet, dann flirtet er nicht mit Kunden und in Bars hängt er nicht herum und in seinem Stammcafé spricht ihn auch nie eine Frau an. Er lebt eigentlich sehr zurückgezogen, hat wenig Freunde, sein bester Freund ist die Arbeit, die er liebt und die seinem Alltag Strukturen gibt und ihm Erfolgserlebnisse schenkt. Er ist geschieden, spricht sehr nett von seiner Frau, mit der er nun, da die Scheidung schon viele Jahre zurückliegt, ein sehr gutes Gesprächsklima hat, schließlich sind sie ja nach wie vor Eltern von zwei tüchtigen Söhnen. Beide Kinder leben in Norddeutschland, er sieht sie nur selten, dabei liebt er vor allem seine Enkel, Zwillinge, über alles. Aber die Arbeit hält ihn fest im Griff – mehr als ein verlängertes Wochenende kann er nie Urlaub machen. Daher käme ihm auch eine Wochenendbeziehung gelegen. Eine so selbständige Frau wie ich, die keine Rundumbetreuung braucht. Er habe die Sendung wirklich nur durch Zufall gesehen und war von mir sofort gefesselt. Eigentlich sei er eher schüchtern und daher über sich selbst erstaunt, dass er mir geschrieben hat. Und noch abenteuerlicher habe er es gefunden, dass ich ihn nun wirklich treffe, ohne je ein Foto von ihm bekommen zu haben – er fragt mich natürlich, ob ich nun, da ich ihn vor mir sitzen sehe, über sein Äußeres enttäuscht wäre. Und ich antworte ehrlich, nein, ich bin froh, dass ich einem gepflegten Mann mit guten Manieren gegenübersitze.

Kakao, Kaffee und Kuchen kann man nicht stundenlang zu sich nehmen, also stellt sich die Frage, was wir mit unserer gemeinsamen Zeit anfangen sollen. Ich schlage einen Spaziergang vor, und so schlendern wir ein wenig über die Wiesen, an schönen Bauernhöfen vorbei, und erzählen uns unsere Lebensgeschichte. Er lädt mich zum Mittagessen ein und erkundigt sich bei den Einheimischen nach einem netten, gutbürgerlichen Gasthaus. Ich fahre mit ihm in seinem Auto nach Jochberg und dort speisen wir in einem wunderschönen, alten Restaurant mit sehr gediegener Atmosphäre. Er streichelt bei Tisch immer wieder einmal meine Hand und wir trinken zum exzellenten Essen ein gutes Glas Wein. Er hat alle Zeit der Welt und erzählt mir wirklich alle Details seines Lebens. An den Nachbartischen wechseln die Gäste, wir sitzen stundenlang – er erzählt und erzählt. Er hat kaum Freunde, kaum einen Menschen, der ihm und seinen Träumen und Sorgen einmal zuhört. Ja, das merkt man, denn er hat ein unbeschreibliches Bedürfnis, sich mitzuteilen. Ich lausche manchmal gar nicht mehr seinen Ausführungen, ich schaue mir seine Zähne an – die sind sehr gepflegt, richtig weiß, sind die echt? Nein, die müssen überzogen sein oder diese Kronen, die sich reiche Leute heutzutage machen lassen. Das Braun seiner Haut, ist das im Freien getönt oder im Solarium? Entweder hat er südländische Vorfahren und ist deshalb so dunkelbraun, oder er geht doch ins Solarium. Die Uhr an seinem Handgelenk, die hat sicher fünf-, sechstausend Euro gekostet, sie ist sehr groß und wuchtig, fast zu groß für sein eher zartes Handgelenk. Er isst gern, deshalb hat er auch ein kleines Wohlstandsbäuchlein, das stört mich nicht, das darf ein Mann in seinem Alter schon haben. Seine Hände sind sehr gepflegt, seine Fingernägel auch. Ob er auch zur Pediküre geht? Ich denke schon, während er seine Haare schneewittchenschwarz färbt, sorgt sich die jüngste Angestellte um seine Nagelhaut, feilt seine Nägel in diese schöne, runde Form. „Weißt du, Ulla", hat er eben seinen Satz beendet. Was hat er gerade erzählt? Bau und Ausstattung seiner nächsten Wohnanlage oder welches Wort seine Enkeltochter als erstes gesprochen hat? Er bestellt als Nachtisch einen Kaiserschmarrn mit zwei Gabeln – ich muss den unbedingt kosten, ob ich will oder nicht, er besteht darauf. Mittlerweile sitzen wir schon über drei Stunden beim Mittagessen und die Stube ist leer geworden. Aber er hat sich ja für heute, für uns, Zeit genommen und freut sich, dass ich ihm zuhöre. „Weißt du, Ulla …", und ich beginne die „Weißt du, Ulla" zu zählen. Fünf, acht, zehn … Er sagt das, um seinen Aussagen besondere Bedeutung zu verleihen. Er sagt das in wunderschönem Deutsch, so wie es nur Norddeutsche, gebildete Menschen, sprechen, er könnte mit diesem Satz auch im Burgtheater auftreten: Weißt du, Ulla – kein Akzent, deutlich artikuliert, bestes Bühnendeutsch. Ich bin müde vom Zuhören, müde von der anstrengenden Autofahrt, müde von der ganzen Arbeitswoche, einfach nur müde vom Zuhören … Ich schaue auf die Uhr und meine, dass es nun doch langsam an der Zeit wäre, den Heimweg anzutreten, da ich abends noch eine Einladung habe. Er ist enttäuscht, dass ich nicht auch in Kitzbühel übernachte und mit ihm am nächsten Tag noch eine Wanderung unternehme. Er bezahlt, er ist ein wirklicher Gentleman und lädt mich selbstverständlich zum Essen ein. Und er verabschiedet sich mit einem seriösen Küsschen auf die Wange links und rechts und in der Hoffnung auf ein baldiges gemeinsames Wochenende, wo auch immer, Hauptsache gemeinsam.

Ich setze mich in mein Auto und starte. Ich atme auf, ich bin so froh, nicht mehr zugelabert zu werden. Bin ich denn schon eigen geworden? Die Einsamkeit, die Stille zu Hause ist mir manchmal unerträglich. Und da sitzt mir nun ein netter, gepflegter Herr gegenüber und unterhält sich, erzählt aus seinem Leben und ich werde müde und zähle seine „Weißt du, Ulla …" Ich fahre und fahre und bin immer erleichterter, dass ich wieder Zeit für mich habe. Im nächsten Ort parke ich und laufe ein paar Schritte. Das Mittagessen liegt mir schwer im Magen und ich muss meine Müdigkeit an der Luft vertreiben, ich möchte nicht, dass ich hinter dem Lenkrad noch einschlafe. Meine Freundin ruft an – alles in Ordnung, beruhige ich sie, er ist kein Mörder, er ist ein netter, sehr gepflegter Herr. „Und was macht ihr jetzt?“, fragt sie. „Ich gehe allein spazieren und erhole mich.“ Da lacht sie – „tja, das klingt ja ganz nach großer Liebe.“ Sie hat recht. Ich schaue auf die blühenden Wiesen, die wunderbar angeleuchteten Felsen des Wilden Kaisers und spüre in mich hinein. Es hat nicht gefunkt und ich habe kein Bedürfnis, dieses Treffen schon bald zu wiederholen.

Maximilian
Wien

Liebe Ulla,
ich bin die Romy aus Wien, hab Sie gestern gesehen und dabei sofort an meinen Vater gedacht. Er ist 49 Jahre alt, lebt in Wien und ist in der Kunst- und Kulturbranche tätig.
Mein Vater ist:
- *humorvoll*
- *gebildet*
- *sehr kommunikativ*
- *kulturinteressiert*
- *schaut gut aus … auch wenn er im Moment meiner Meinung nach ein paar Kilo zu viel hat*
- *manchmal pünktlich*
- *sehr hilfsbereit*
- *reist gerne*
- *liebt die Natur*
- *interessiert sich für Architektur*

Bei Interesse kann ich Ihnen gern Fotos schicken. Er weiß nämlich noch nichts von diesem Mail. Bitte nicht wundern über diese Mailadresse. Meine Katze aus der Kindheit hieß Kleopatra und ich liebe blühende Mohnfelder, daher Kleopatra.Mohnfeld@gmx.at. Ich bin 21 Jahre alt und studiere Medizin.
Grüße aus Wien
Romy

*

Liebe Romy,
danke für Ihre lieben Zeilen.
Ich finde es lustig, dass Sie für Ihren Papa eine Partnerin suchen.
Eigentlich habe ich mir vorgenommen, nur Kandidaten aus der Nähe zu antworten. Aber Ihr Mail hat mich angesprochen und vor allem die Tatsache, dass Ihr Papa kulturell interessiert ist.
Ich persönlich besuche leidenschaftlich gern Theatervorstellungen, gehe auch in die Oper und in Musicals. Ich spiele selbst in einer Laiengruppe Theater. Außerdem betreibe ich viel Sport: Skifahren, Langlaufen, Radfahren, Mountainbiken und Wandern – und ich reise sehr gern.
Ich würde mich freuen, wenn Sie mir von Ihrem Papa ein Foto zusenden.
Warum ist Ihr Papa allein? Ist er geschieden? Was macht er beruflich? Und warum glauben Sie, dass ich ihm gefallen könnte? Bitte erzählen Sie mir mehr von Ihrem Vater – und beantworten Sie mir eine Frage: Wie sollte eine Beziehung auf diese Dis-tanz funktionieren? Ich hätte zwar nichts gegen eine Wochenendbeziehung, aber auf diese Distanz ist es sicher nicht einfach.
Ganz liebe Grüße aus Innsbruck
Ulla

*

Liebe Ulla!
Ich habe mich über Ihr Mail sehr gefreut.
Werde kurz versuchen, Ihre Fragen zu beantworten.
Meine Eltern haben sich nach 12 Jahren Ehe getrennt. Das ist jetzt 13 Jahre her. Sie waren nie verheiratet.
Meine Mutter ist übrigens seit 4 Jahren mit einem ganz lieben Südtiroler zusammen und vor 1 Jahr haben sie sogar geheiratet.

Nachdem mein Vater eine längere Beziehung mit einer Dame aus Salzburg gehabt hat, lebt er derzeit alleine.
Mein Vater hat eine Schauspielausbildung und dreht auch für Film und Fernsehen. Daher auch sein kulturelles Interesse. Seine Mutter war eine bekannte Schauspielerin in Deutschland. Von ihr wurde er sicherlich mit dem „Bühnenvirus" infiziert.
Sehr sportlich ist er nicht. Das liegt aber auch daran, dass er letztes Jahr einen Oberschenkelhalsbruch hatte und dann sehr lange in Therapie gehen musste.
Er ist ein begeisterter Gärtner.
Weiters ist er sehr belesen und eher vom klassischen Schlag.
Derzeit dreht er einige Tage auf Sylt.
Er hat eine eigene Website, wenn Sie Interesse haben, könnte ich sie Ihnen vielleicht weitergeben, aber davor möchte ich ihm von Ihrem Mail erzählen.
Liebe Grüße aus Wien und eine schöne neue Woche wünscht
Romy

*

Liebe Kupplerin,
haben Sie Ihrem Vater auch meinen Trailer von „Liebesg'schichten" gezeigt? Was sagt er zu Ihrer Aktion?
Wie sollte das funktionieren, er in Wien und ich in Innsbruck. Und wäre ich sein Geschmack? Aber – würde er in Innsbruck leben, er wäre ein Mann, dem ich gern einmal gegenübersitzen würde – wir hätten sicherlich viel Gesprächsstoff.
Gglg aus Innsbruck
Ulla

*

Liebe Ulla!
Habe kurz mit meinem Vater telefoniert, er hat gelacht und gesagt, dass er auch Tango tanzen kann. Na ja, ich habs noch nie gesehen. Ich darf Ihnen natürlich seine Website weitergeben:
www.maximilanxy.net
Mich würde interessieren, wie Sie seine Fotos finden. Die sind ein Mix aus seinen frühen Schauspieljahren bis jetzt.
Liebe Grüße aus Wien
Romy

*

Liebe Ulla,
mein Vater ist erst am Donnerstagabend wieder in Wien.
Ich werd mich dann gleich mit ihm zusammensetzen. Wenn es Ihnen recht ist, geb ich ihm dann auch Ihre Mailadresse.
Liebe Grüße aus Wien und noch einen schönen Abend
Romy

*

Passt gut.
Lg
Ulla

*

Liebe Ulla!
Romy hat mir die ganze Mailgeschichte erzählt. Ich hab mal schmunzeln müssen. Sie hat das hinter meinem Rücken gemacht. Ich lebe derzeit alleine und sie findet, ich soll wieder eine Frau an meiner Seite haben. Den Trailer aus der Sendung konn-

te ich nicht sehen, da er nur ein paar Tage in der TV-Thek war.
Da ich derzeit zu Hause kein Internet habe und daher meine Post nicht täglich mehrmals anschaue, schick ich gleich mal meine Telefonnummer: …
Innsbruck ist halt doch weit weg, aber einem Telefonat steht ja nichts im Wege.
Bin am besten am Abend erreichbar.
Schöne Grüße aus Wien
Maximilian

Ich schreibe mir die Telefonnummer auf ein gelbes Post-it und überlege, wann wohl die beste Zeit für einen Anruf wäre – wann hat ein Schauspieler Zeit für ein längeres Telefonat? Künstler stehen auf jeden Fall später auf, das ergibt sich aus ihrem Lebensrhythmus, da ja Schauspiele zumeist am Abend aufgeführt werden. Und vormittags haben sie entweder Probe oder lernen den Text für ihre Rollen. Also wäre vielleicht der Nachmittag die ideale Zeit.

Um Punkt 15:00 Uhr wähle ich seine Nummer – eine sehr charismatische Stimme meldet sich am anderen Ende mit Vor- und Zunamen und meine Stimme zittert ein wenig, als ich mich vorstelle: „Ja hallo, da spricht die Ulla aus Innsbruck." Ich bin verlegen, was soll ich mit diesem Fremden reden, der ja nicht selbst den Kontakt zu mir gesucht hat, sondern dem ich von seiner Tochter aufgedrängt wurde? Und dann fragt er auch noch: „Bitte wer spricht?" So als hätte er wirklich überhaupt keine Ahnung, wer ihn da anruft. Dabei hat er mir doch persönlich seine Telefonnummer geschrieben. Wie viele Ullas kennt er denn in seinem Umfeld, heißen denn alle Wienerinnen so wie ich, das wird wohl nicht der Fall sein.

Also erkläre ich, dass ich die Ulla aus „Liebesg'schichten

und Heiratssachen“ bin, und da „klingelt“ es bei ihm. Dann wird es ein sehr, sehr nettes Telefonat. Die ausdrucksstarke Stimme erklärt mir, dass er mit seiner Tochter schon geschimpft hat, dass sie einfach so eine Initialbewerbung für ihn gestartet hat, ohne Rücksprache mit ihm. Aber irgendwie hat er es auch spannend und lustig gefunden und wollte mich nicht vor den Kopf stoßen und mit mir wenigstens einmal telefonieren. Er erzählt mir von seiner letzten Fernbeziehung, die aufgrund der kilometerlangen Anreise für zwei beruflich sehr engagierte Menschen letztendlich zum Scheitern verurteilt war. Es wurde beiden zu mühsam, es kam zur Trennung aus Vernunft, weil beide dieses ständige Herumreisen als zusätzlichen Freizeitstress zum Alltagsstress empfanden.

Er lädt mich ein, sofern ich wieder einmal Wien besuche, ihn zu kontaktieren und mit ihm einen Kaffee zu trinken und zu berichten, wie es mir denn mit meinen Dates so ergangen sei. Aber er möchte mich als neuer Freund, eher aus der Sicht eines Bruders, auch warnen. Durch meinen Auftritt in der Sendung habe ich sehr viel Persönliches von mir preisgegeben, meine schöne Wohnung, meine Sehnsüchte, und ich solle mich auf jeden Fall in Acht nehmen, denn nicht alle Menschen wären gut. So könne es mir auch passieren, dass mich ein Mann auf sein Zimmer einlädt und mir Böses antue, ja mich vergewaltigen oder ausrauben wolle. Oder dass sich ein Mann in mein Herz einschleiche, mit Schmeicheleien und kleinen Aufmerksamkeiten, um es sich dann in meiner Wohnung gemütlich zu machen und mich als Frau auszubeuten. Die Offenheit, mit der ich den Schriftverkehr mit seiner Tochter geführt habe, hat in ihm Sorge entfacht, er möchte mich davor warnen, zu gutgläubig durch die Welt zu gehen.

Er gibt mir einen lieben Rat mit auf den Weg: Ich solle sorgsam mit mir umgehen, auf mich achten und mich vor dem Bösen in Acht nehmen, denn ich sei ein guter Mensch und er sei zu weit weg, um auf mich, wie ein Bruder, aufzupassen. Und nun könne ich allen meinen Freundinnen vom Telefonat mit *dem Schauspieler* erzählen, aber ein Paar würde aus uns wohl nie. – Wir beenden unser Telefonat mit einigen höflichen Floskeln.

Ich bin mir sicher, dass ich ihn nie mehr anrufen werde, auch nicht, wenn ich nach Wien komme. Irgendwie war es wirklich peinlich, wie da eine kleine Tirolerin um die Zuwendung des großen Schauspielers fleht. Was habe ich mir erwartet? Dass er – der Mann, dem Abend für Abend Hunderte Frauen applaudieren – einsam und verzweifelt in seiner Wiener Wohnung sitzt und auf meinen Anruf wartet und sich sofort in meine erotische Stimme verliebt. Nein, das habe ich mir nicht erwartet – aber schön wär's gewesen. Ein Schauspieler an meiner Seite, ja, das hätte mir gefallen. Ich wäre gern im Zuschauerraum gesessen und hätte nach der Vorstellung beim Bühnenausgang auf ihn gewartet, um dann bei der Premierenfeier mit allen seinen Kollegen den überwältigenden Erfolg zu feiern. Ich hätte gern seine Texte abgefragt und ihm dabei liebevoll den Nacken massiert. Und ich hätte ihn auch gern aufgefangen, wenn er voller Selbstzweifel mit mir diskutierte, wie er denn nun den Faust anlegen soll.

Aber Maximilian will keine Fernbeziehung mit 500 Kilometer Distanz. Das liegt also nicht an meinem Aussehen und an meiner Person – tröste ich mich – es liegt einfach nur an den vielen Kilometern.

Tja, hätte er die Sendung gesehen – vielleicht hätte er sich doch mit mir getroffen ...

Walter
Bregenz

Hallo Ulla
Nach der Sendung habe ich sofort versucht, mit Dir Kontakt aufzunehmen. Dein Auftreten und Deine Ausführungen haben mich sehr überzeugt.
Bei Deinen Vorstellungen, wie der Mann an Deiner Seite sein soll, würden alle Wünsche auf mich zutreffen. Bis auf einen Punkt, ich bin leider ein Mensch, der überhaupt nicht humorvoll ist.
Jetzt zu meiner Person. Ich bin 57 Jahre alt, Witwer, und als KFZ-Meister im Feuerwehrkommando angestellt. Da ich bis vor einem Jahr noch zusätzlich Feuerwehrkommandant war, waren meine Hobbys sehr eingeschränkt. Dennoch bin ich gerne mit dem Fahrrad unterwegs und fahre gerne Ski. In den Wellnesshotels im Bregenzerwald fühle ich mich auch sehr wohl. Einen Stadtbummel sowie einen Besuch bei den Seefestspielen kann ich gut genießen. Reisen sind ebenfalls ein Hobby von mir.
Ich würde mich freuen, Dich näher kennenzulernen.
Liebe Grüße aus Bregenz
Walter

Eigentlich ein sehr höfliches, nettes Schreiben – nur, er gibt von sich selber zu, keinen Humor zu haben. Und ich hab so viel Humor, und es ist mir auch sehr wichtig, dass ein Lebenspartner über Humor verfügt. Wie hätte ich all die schwierigen Zeiten als alleinerziehende Mutter ohne Humor überstanden? Auch mein verstorbener Mann war mit Humor gesegnet – also, wie soll ich mit dieser Bewerbung umgehen? Fehlt diesem Mann die Fröhlichkeit, die Leichtigkeit des Seins?

Es vergehen Wochen – und eines einsamen Sonntagabends rufe ich ihn dann doch an. Wir plaudern nett und er erzählt mir seine Lebensgeschichte, eine sehr traurige Geschichte. Seine erste Frau ist vor vier Jahren an Krebs verstorben, ein Jahr lang hatte er sie durch eine qualvolle Zeit begleitet, in der sie immer weniger wurde und schließlich starb. Er empfand eine so unbeschreibliche Hilflosigkeit, dem Menschen, den der so von Herzen liebte, nicht helfen zu können. Es wechselten Phasen der Hoffnung mit Zeiten der Resignation, und als es dem Ende zuging, verbrachte er viele Stunden an ihrem Bett und sie weinten und redeten stundenlang. Er konnte von ihr Abschied nehmen, vieles noch klären und ihr seine große Zuneigung wieder und wieder gestehen. Und er war auf ihren Tod vorbereitet, sie so leiden zu sehen, machte es ihm zum Schluss leicht, sie gehen zu lassen. Er wollte nicht mehr mit ansehen, wie sehr sie der Krebs zerstört hatte und welche Schmerzen sie ertragen musste.

Kurze Zeit nach ihrem Tod begegnete ihm eine Jugendfreundin und er erwählte sie zur neuen Partnerin. Er war so froh, endlich nicht mehr allein zu sein. Und da sie seine verstorbene Frau gekannt hatte, half sie ihm ganz großartig, den Verlust zu überwinden und ein neues Glück zu erfahren. Sie war ihm auch nie böse, wenn er ihr von seiner ersten Ehe erzählte, sie half ihm, dieses Kapitel seines Lebens aufzuarbeiten. Sie war ein Engel, der ihm zur rechten Zeit begegnet war. Zwei Jahre dauerte dieses Glück und er heiratete sie. Sie verbrachten eine schöne Zeit – und dann bekam auch sie Krebs und starb innerhalb weniger Monate. Nun ist er verzweifelt und einsam, sitzt abends oft lange mit Kollegen beim Spritzer und trinkt sich die Einsamkeit weg. Kein

Wunder, dass dieser Mann keinen Humor mehr hat – vor allem, da er von sich selbst sagt, dass er immer schon ein sehr ernster Charakter war. Er erzählt mir auch, dass er mich seit der Sendung als seinen Bildschirmschoner verwendet – natürlich ein Foto von mir, das er aus dem Fernsehprogramm einer Zeitung ausgeschnitten und eingescannt hat. Und er hat sich auch schon ausgemalt, wie ich mich nach unserem ersten Treffen von Innsbruck verabschiede, meinen Job kündige und in sein Haus ziehe und seine Abende, seine freien Stunden mit ihm verbringe. Das klingt alles nach großer Einsamkeit und Sehnsucht und auch nach Torschlusspanik – so rasch wie möglich mit jemand zusammenziehen, um nicht mehr allein zu sein. Er sagt mir, dass er sich in mich in der Sendung verliebt hat, in eine Frau, die den Schmerz kennt, den man beim Tod des Partners so unerträglich findet. Und er habe gewusst, ich würde mich bei ihm melden und dann mit Freuden zu ihm ziehen, sodass unsere einsamen Stunden ein Ende nehmen.

Aber da bekomme ich Panik – ich ertrage es nicht, wenn sich jemand gleich festklammert und nicht allein mit sich zurechtkommt. Zu lange habe ich lernen müssen, mit mir allein klarzukommen; ich habe bereits während des Telefonats das Gefühl, ich bekomme keine Luft. Und ich wäre nie bereit, sofort alle Zelte in Innsbruck abzubrechen. Eigentlich möchte ich überhaupt nicht wegziehen aus meiner Umgebung. Hier ist meine Familie, hier lebt mein Sohn, hier leben meine Freunde, hier habe ich ein großes Netzwerk, einen guten Job und meine Wohnung, die ich liebe.

Aber er tut mir unendlich leid. Gleich zwei Lebenspartner zu verlieren, und auch noch in so kurzer Zeit. Ich verstehe ihn ja und seine unendliche Sehnsucht. Ich schlage ihm vor, dass wir uns doch einfach einmal treffen und kennenlernen und ob er sich nicht auch eine Fernbeziehung vorstellen könne, dass wir erst einmal das eine oder andere Wochenende miteinander verbringen könnten. Doch davor hat er Angst. Er fürchtet sich davor, mich zu treffen und sich noch mehr in mich zu verlieben und dann feststellen zu müssen, dass ich nicht zu ihm ziehen möchte. Aber diese Zusage kann und will ich einfach nicht machen. Er bedankt sich für das nette Telefonat und bittet mich, über unser Gespräch nochmals nachzudenken. Er wisse, ich wäre die Richtige für ihn.

Auch nachdem ich aufgelegt habe, scheint es mir einfach übertrieben, schon nach einem ersten Telefonat an eine fixe, gemeinsame Zukunft zu denken. Bei ihm ist die Angst vor dem Alleinleben viel ausgeprägter als bei mir – das erkenne ich. Zu viele Jahre habe ich bereits geübt, gelernt, mit mir allein zu leben. Ich merke auch, dass ich nicht um jeden Preis in eine Partnerschaft fliehen will. Es müssen mehrere Umstände einfach passen. Ich muss mich in den Mann verlieben, er soll gleiches Niveau haben und mir Zeit lassen, in eine Zweisamkeit hineinzuwachsen.

Ich beschließe also, erst einmal alle anderen Mails und Briefe zu lesen und zu warten, ob er sich wieder bei mir meldet. Er soll ja auch Zeit haben, über unser Gespräch nachzudenken, vielleicht spürt er meine Zurückhaltung und gibt einem langsamen Kennenlernen eine Chance und sieht auch in einer Wochenendbeziehung eine Option.

Nur 14 Tage nach diesem Gespräch ruft er mich eines Abends an, um mir mitzuteilen, dass er ganz überraschend die Frau fürs Leben getroffen hat. Da bin ich sprachlos – so spielt das Leben. Ich habe viel an ihn gedacht und mich gefragt, ob ich nicht zu abweisend war. Er hat so ein hartes Schicksal hinter sich und ist sicher ein sehr wertvoller Mensch. Seine Stimme ist mir ausgesprochen sympathisch und seine Vergangenheit hat mich unglaublich berührt. Aber jetzt brauche ich nicht mehr über ihn nachzudenken und ob es für uns doch eine Zukunft gegeben hätte. Er ist glücklich verliebt und die Frau, die er nun an seiner Seite genießt, ist auch schon viele Tage in der Woche bei ihm im Haus. So schnell geht das also manchmal. Ein bisschen bin ich sogar enttäuscht, dass er mit mir so rasch abgeschlossen hat, aber daran bin ich wohl selbst schuld. Ich war zu distanziert – ich werde darüber nachdenken müssen, ob ich meine Einstellung, wie schnell eine Beziehung viel Nähe erlaubt, stimmt. Aber ich möchte mich auch nicht verstellen, ich kann Nähe nur langsam wachsen lassen. Walter hat eine neue Liebe – ich gratuliere ihm und wünsche ihm das Allerbeste für seine Zukunft und sein neues Glück.

Markus
Bad Häring

Liebe Ulla,
als ich letzten Montag die Sendung Liebesg'schichten und Heiratssachen sah, bist Du mir sofort aufgefallen.
Es war Dein selbstbewusstes, sympathisches Auftreten, sowie Deine lebensfrohe Art.
Hiermit möchte ich mich kurz vorstellen.
Mein Name ist Markus, bin 56 Jahre, wohne in Bad Häring, also nicht so weit weg von Innsbruck. Ich bin berufstätig und betreibe nebenbei eine kleine Landwirtschaft, bei der mich meine zwei Söhne unterstützen. Wobei eine Mithilfe einer Partnerin nicht erforderlich ist.
Die zwei Söhne, im Alter von 21 und 19 Jahren, stammen aus der 22-jährigen Beziehung, davon 20 Jahre verheiratet und vor 8 Monaten geschieden.
Dennoch bleibt mir genügend Zeit für meine Hobbys, welche ich gerne mit einer Frau an meiner Seite genießen möchte.
Ich bin sehr aufgeschlossen, liebevoll und unternehmungslustig, genieße aber auch ruhige Momente zu Hause.
Würde mich sehr über eine Antwort von Dir freuen. Meine Handynummer: …
Liebe Grüße
Markus

Der Brief wurde am Computer geschrieben, weist eine schöne Form auf, und was er schreibt, klingt wirklich nett. Und das Foto, das oben eingescannt ist, zeigt einen athletischen, gutaussehenden Mann mit toll trainiertem Oberkörper, lässig an einen Zaun gelehnt, ein richtig knackiger, attraktiver Mann – aber Nebenerwerbsbauer. Was mache ich auf einem Bauernhof – meine ganzen Lebensgewohnheiten passen doch nicht zu einem begeisterten Bauern. Ich erzähle meinem Sohn von dem Bewerber und er motiviert mich: „Mama, den musst du unbedingt kontaktieren, ich durfte nie ein Haustier haben, der hat vielleicht viele Tiere, damit hätte ich die größte Freude, und er schreibt ja, du musst dich nicht sorgen, er benötigt keine Arbeitshilfe für den Bauernhof! Viele Tierärzte sind auch nebenbei Hobbybauern, wer weiß, was hinter diesem Mann steckt. Sogar Tobias Moretti ist Bauer!"

Also nehme ich mir ein Herz und rufe ihn eines Abends an. Da kann er aber nicht reden, weil er in Gesellschaft ist, aber allein das kurze Telefonat weckt in mir schon einen Abwehrinstinkt, das ist nicht ganz die Ebene, auf der ich eine Seelenverwandtschaft spüre. Er spricht einen Dialekt, den ich fast nicht verstehe, und im Hintergrund hört man Gasthausgegröle, da geht's ziemlich feuchtfröhlich zur Sache.

Am nächsten Tag ruft er zurück und wir plaudern ein bisschen und ich versuche mehr über ihn in Erfahrung zu bringen. Er erzählt, dass er schon weit gereist ist. Ich ja auch, kenne ich doch schon ferne Länder wie Peru, Vietnam, Indien, Sri Lanka und noch einige andere schöne Plätze auf dieser Welt. Er erzählt mir, dass er viel und gern reist und sogar schon in Kroation und Italien war – ja, wirklich weit gereist, zumindest aus seiner Sicht. Ich frage ihn nach dem Bauernhof, von dem er gleich ins Schwärmen gerät und wie stolz er auf seine vielen Milchkühe im Stall ist. Bei der Frage nach seinem Beruf erzählt er mir, dass er bei der Stadt Wörgl angestellt ist, bei der Firma ... Da läuten bei mir die Alarmglocken und ich frage genauer nach. Ja, er arbeitet bei der

Müllabfuhr. Ich frage, im Außen- oder im Innendienst? Und er bestätigt mir, dass er jeden Morgen auf dem Trittbrett des Müllabfuhrfahrzeugs Stellung bezieht und dann seine Kreise durch Wörgl zieht und den Wohlstandsmüll der Bevölkerung einsammelt und entsorgt. Eine wichtige Aufgabe, ohne Zweifel, aber, ohne übertriebene Standesdünkel zu haben, ich glaube nicht, dass ein Müllarbeiter sich in meinem Umfeld, an meiner Seite wohlfühlen könnte. Jede Arbeit hat ihren Wert, und viele Arbeiten möchte niemand erledigen, nicht einmal gegen gute Bezahlung. Menschen, die für andere den Müll entsorgen, denen zolle ich meinen Respekt – das ist ein unbeschreiblich wichtiger Dienst an der Gesellschaft. Aber so, wie ich nun schon seit vielen Jahren lebe, das Umfeld, in dem ich mich bewege, die gesellschaftlichen Anlässe, an denen ich gern teilnehme, in diesen Lebensabläufen hätte ein Mann in seiner Position sicher ein unbehagliches Gefühl. Ich wäre ihm auf Dauer zu selbständig, zu unabhängig, einfach eine Schuhnummer zu groß, und das ist nicht böse gemeint.

Nur, wie kriege ich jetzt die Kurve, ohne ihn zu verletzten? Er mag ein wertvoller Mensch sein, aber nach dieser Plauderei am Telefon kann ich gleich sagen, es hat keinen Sinn, dieser Mann ist für mich kein Partner mit Zukunft. Ich bin einfach der Überzeugung, dass eine dauerhaft glückliche Partnerschaft auf mehreren Säulen stehen muss: Liebe, gemeinsame Interessen, Toleranz, gemeinsame Ziele, und ganz wichtig ist gerade in meinem Alter, dass sich ein Mann der Frau nicht unterlegen fühlt, weder finanziell noch vom Bildungsniveau her – und da hätte ich bei Markus wirklich große Bedenken.

Aber wie sag ich ihm das, ohne ihn zu verletzen?

Also wende ich eine List an: Ich erzähle ihm von mir, dass

ich jede Woche ins Sinfoniekonzert gehe und einmal ins Theater, fast jeden Tag mit Freundinnen begeistert Klamotten shoppe und Stunden um Stunden in Einkaufszentren verbringe, nur High Heels trage und mich nicht sportlich betätigen mag.

Meine Taktik geht auf, er dankt mir für das Telefonat und meint nun selbst, dass wir wohl viel zu unterschiedlich sind.

Lieber Markus, ich wünsche dir von Herzen das große Glück – bei mir hättest du es nicht gefunden.

Georg
Schwaz

Liebe Ulla,
habe Deinen mutigen und offenherzigen Beitrag in der ORF-Sendung „Liebesg'schichten …" gesehen und möchte Dir auf diesem Weg mein Interesse an einem Kennenlernen signalisieren.
Bin 51 Jahre alt, seit acht Jahren einvernehmlich geschieden, seitdem alleinerziehender Vater zweiter Kinder (Tochter 25 Jahre, Sohn 20 Jahre), wohnhaft in Schwaz, beruflich tätig als Lehrer an einem Gymnasium und daneben selbständiger Lebensberater mit eigener Praxis. Meine Interessen sind: Wandern, Musik, Gartenarbeit in meinem schönen Garten, handwerkliche Arbeiten, Kultur, Kurzreisen, Kino, das Leben mit allen Sinnen genießen und sich auch an oft unauffälligen Dingen freuen.
Gerne würde ich Dich treffen wollen und z. B. bei einem Kaffee etwas näher kennenlernen.
Wenn auch Du möchtest, was mich freuen würde, bitte ich Dich um Rückmeldung über den Mailweg oder einfach über einen kurzen Anruf.
Liebe Grüße
Georg

*

Lieber Georg,
danke für Deine netten Zeilen.
Es war eine große Überwindung, so an die Öffentlichkeit zu

treten. Und ich hatte keine Ahnung, wie viele Menschen diese Sendung sehen und welches Echo ich in meinem Umfeld auslöse. Aber in erster Linie habe ich Lob erhalten – Gott sei Dank ist der Beitrag nicht peinlich geworden – hätte ja auch sein können.
Meine Hobbys wurden in der Sendung nicht erwähnt, ich bin sehr aktiv. Du als Lebensberater wirst sicher erkennen – ich habe Einsamkeit gegen Aktivitäten ausgetauscht.
Sport: Skifahren, Langlaufen, Radfahren, Mountainbiken, Wandern, Fitnessstudio
Kultur: Theater, Musical, Opernbesuche, ich spiele auch in einer Laientheatergruppe.
Reisen: Ja, vom Reisefieber werde ich auch regelmäßig gepackt.
Ich habe diese Woche einige Tage frei, arbeite wieder am Montag und muss dann erst mal meine Kundentermine koordinieren.
Es wäre nett, Dich mal bei einem Kaffee zu treffen – wenn Du jetzt, da Du mehr von mir weißt, mich noch treffen möchtest.
Lg Ulla

*

Liebe Ulla
Vielen herzlichen Dank für Deine Antwort.
Gerne nehme ich Dein Angebot an und freue mich schon sehr auf Dich. Vielleicht telefonieren wir uns kurz zusammen und machen Ort und Zeit fix – wann und wo wir uns treffen. Hier meine Handynummer: …
Wünsche Dir einen feinen Abend
Georg

Diese Zeilen kamen von einem der wenigen Tiroler Kandidaten, einem der wenigen Herren, die in meinem näheren

Umfeld leben. Und er ist gebildet und hat sehr freundlich geschrieben. Er hat es sich verdient, dass wir uns treffen. Vor allem, da ich mir ja einen Partner in der näheren Umgebung wünsche.

Also rufe ich ihn an. Er klingt sehr sympathisch und wir verabreden einen ausgiebigen Spaziergang am Samstag – ziemlich früh. Also weiß ich, dass er zu den Frühaufstehern gehört – ich ja auch, ich finde es einfach schade, wenn man den ganzen Vormittag verschläft, wo es doch so viel zu tun gibt.

Er holt mich von zu Haus ab, so haben wir es vereinbart. Er fährt einen Van, wahrscheinlich weil er öfter etwas transportieren muss. Er begrüßt mich sehr herzlich mit einem freundschaftlichen Küsschen links und rechts auf die Wange. Er riecht sehr stark nach Rasierwasser, das hat er wohl heute Morgen extra für mich aufgetragen. Aber der Geruch behagt mir gar nicht, er erinnert mich an Pitralon, ein Rasierwasser, das ich als kleines Mädchen immer meinem Vater geschenkt habe, weil es im Drogeriemarkt so billig war. Aber jetzt bin ich ungerecht – er hat sich für mich frischgemacht und ich bin so heikel und hadere bei diesem Duft, das ist oberflächlich. Wenn er mit mir auch gleich so hart verfährt, dann gnade mir Gott. Er trägt schwarze Jeans, ein kariertes Hemd und eine schwarze Softshelljacke. Schwarz macht schlank, hat er sich vielleicht gedacht – ich arbeite auch immer mit allen Mitteln. Wir steigen also in seinen Van und fahren ins Grüne und starten einen langen, ausgedehnten Spaziergang. Wir erzählen uns gegenseitig die wichtigsten Abschnitte unseres Lebens. Man merkt, dass er geschult darin ist, anderen zuzuhören, das kann er gut und seine Statements sind behutsam und voller Einfühlungsvermögen. Und er ist sehr offen und erzählt mir das Ende seiner einstmals glücklichen

Ehe, berichtet von seiner Frau, die ihn mit beiden Kindern sitzenlassen hat – sodass er sich gezwungen sah, als alleinerziehender Vater sein Schicksal zu bewältigen. Nach der Scheidung musste er sein Haus im Oberland verkaufen und ist dann nach Schwaz gezogen, um Abstand von der Vergangenheit zu bekommen.

Ich bewundere ihn, wie gefasst er davon erzählt, von der Traurigkeit und der großen Enttäuschung, dass seine Ehe, die ihm persönlich gar nicht so schlecht erschien, so abrupt endete. Er berichtet, wie alle Außenstehenden bereits erkannten, dass sich seine Frau neu orientiert hatte – und er sah es nicht, spürte es nicht, oder vielleicht wollte er es weder erkennen noch spüren, dass ein anderer Mann Zugang zu ihrem Herzen gefunden hatte. Das Schlimme für ihn war, dass er nicht nur von seiner Frau maßlos enttäuscht war, sondern auch von dem Mann, mit dem sie ihn betrog. Und er stellt mir die Frage, ob ich mir vorstellen könne, mit wem sie ihn betrogen hat. Die Traurigkeit in seinen Augen verheißt nichts Gutes. Es musste jemand sein, dem auch er großes Vertrauen entgegengebracht hatte oder der ihm sehr nahestand. Die Urlaubsromane sind immer voll von diesen dramatischen Geschichten, in denen sie ihn mit dem Bruder, dem besten Freund und – vielleicht noch schlimmer – mit seinem Vater betrügt und er irgendwann von ihr davon in Kenntnis gesetzt wird oder ein anonymer Brief eintrifft, in dem ihm von dieser Affäre berichtet wird. Ich lese viel und ich schaue manchmal auch Rosamunde Pilcher, also kann ich mir schon vorstellen, mit wem Georgs Frau fremdgegangen ist, und ich zähle die genannten Personen der Reihe nach auf. Aber es war weder der Bruder noch der beste Freund, noch der Vater – auch nicht eine Frau, wäre sicher für jeden Mann ein Schock, wenn ihn die eigene Ehefrau mit einer Frau betrügt. Wer kommt also noch in Frage? Vielleicht ihr Chef oder sein Chef – aber schon rückt er mit den Fakten heraus. Sie hat ihn mit dem Pfarrer betrogen, hatte sich so in diesen Priester verliebt, dass sie Mann und beide Kinder verließ und sich scheiden ließ und mit dem Pfarrer ins Ausland flüchtete. Das Leben schreibt oft die grausameren Geschichten als jeder Roman. Georg, der offensichtlich sehr gläubig ist, musste diesen furchtbar verletzenden Tatsachen ins Auge sehen, seine Frau an einen Mann zu verlieren, der ein Gelöbnis zum Zölibat abgelegt hatte. Ich verstehe nur zu gut, dass Priester auch Männer sind und schwach werden können, aber Georg tut mir in diesem Moment sehr, sehr leid, was für eine schreckliche Erkenntnis muss das für ihn gewesen sein. Und mein Respekt vor diesem Menschen wächst, denn er ist nicht verbittert und scheint seiner Frau und dem Pfarrer verziehen zu haben. Er bedauert nur, dass seine Kinder dann ohne häufigen Kontakt zur Mutter aufwachsen mussten, und wir stellen beide fest, dass man als Alleinerzieher den fehlenden Elternteil leider nicht ersetzen kann. Auch wenn man seine Kinder noch so liebt – man kann nicht zugleich Mutter und Vater spielen.

Wir spazieren schon eineinhalb Stunden und der Gesprächsstoff geht uns nicht aus. Georg ist ein netter Mensch, ein liebenswerter Mann, er ist ernst und wirkt dadurch vielleicht etwas älter, als er ist. Aber er hat fast keine Falten, vielleicht auch, weil er sichtlich gerne isst – er erzählt mir, wie gern er kocht und dass es ihm eine große Freude wäre, mir einmal eines seiner Spezialmenüs vorzusetzen. Ich schätze Männer, die gern kochen, denn ich bin keine begeisterte Köchin, bin auch keine Künstlerin der Kochkunst, da fehlt mir die Leidenschaft.

Wir gehen so nebeneinander und ich betrachte ihn von

der Seite und fühle in mich hinein. Da ist nichts, überhaupt nichts – keine erotische Anziehung, kein Verlangen, ihm näher zu rücken, ihn vielleicht tröstend zu umarmen, seine Hand zu halten, geschweige denn ihn zu küssen. Da ist Hochachtung vor seiner Leistung, dass er seine Kinder allein großgezogen hat, da ist Respekt vor seiner Allgemeinbildung und seinem Zeitmanagement, Arbeit, Haushalt und Kinder unter einen Hut zu bringen – aber da ist überhaupt keine Anziehung, die ich bei einem Lebenspartner gern spüren würde. Dieser Mann kann ein wertvoller Freund für mich werden, aber sicher kein Sexualpartner, da fließt einfach – *niente*. Bei der Verabschiedung sagt er, er könne sich gut vorstellen, dass wir eine gemeinsame Zukunft haben, aber ich schenke ihm reinen Wein ein und biete ihm meine Freundschaft an. Er versteht mich – und wir treffen uns auch heute noch manchmal auf einen Plausch, er ist ein sehr angenehmer Gesprächspartner, aber er wird nicht der Mann an meiner Seite.

Willi
Innsbruck

Die Sendung liegt nun schon mindestens zwei Monate zurück. Da läutet mein Handy. Am Telefon meldet sich Willi und sagt: „Liebe Frau Baumgartner, ich habe mich in Sie verliebt. Nicht erst in der Sendung ‚Liebesg'schichten und Heiratssachen', nein, schon damals im Februar, am Faschingsdienstag, als Sie mir diese Dreizimmerwohnung in der Wohnanlage in Kranebitten gezeigt haben. Aber ich hatte ja keine Ahnung, dass Sie keinen Partner haben. Sie haben mir so gut gefallen, in Ihrem sexy Rock mit den hohen Schuhen, aber ich hätte es nie gewagt, Ihnen ein Date mit mir vorzuschlagen – Sie, die erfolgreiche, wunderschöne Dame von Welt."

Willi – ich kann mich genau an diese Besichtigung erinnern. Plötzlich stand er vor mir, dieser Interessent, 1,90 groß, braungebrannt, männlich und mit dem charmantesten Lächeln aller Zeiten. Ich habe mich zu ihm sofort hingezogen gefühlt und bei der Besichtigung kam ich mir linkisch und verlegen vor, wie ein kleines Mädchen – dieser Mann hatte auf mich eine Wahnsinnsausstrahlung. Wenn er mich damals für abends eingeladen hätte, ich hätte nicht Nein gesagt. Dieser Mann sieht so unverschämt gut aus, dass ihm sicherlich jede Frau gern gegenübersitzt. Und dieser Mann ruft mich jetzt an und hat mich in der Sendung gesehen, ich werde ganz verlegen. Er erzählt mir, dass er immer noch eine Wohnung sucht und mich gern zu einem Sparziergang einladen möchte, um sich mit mir darüber und über meinen

Fernsehauftritt zu unterhalten. Und vor allem möchte er erfahren, wie viele Männer ich mir schon angesehen habe und ob ich den *Mr. Right* schon getroffen habe. Ich fühle mich geschmeichelt und wir verabreden uns für Freitag.

Er wartet vor meiner Haustür und öffnet mir galant die Autotür, damit ich am Beifahrersitz Platz nehmen kann. Ich hätte ihn fast nicht mehr erkannt. Bei unserer letzten Begegnung hatte er viel längere Haare, die sich an den Enden zu kleinen Locken ringelten, jetzt hat er einen sehr gepflegten Kurzhaarschnitt, einen modischen Schal lässig um den Hals gebunden, und sein sportliches Outfit unterstreicht sein männliches Erscheinungsbild. Wir fahren ins Grüne und plaudern bei einem ausgiebigen Spaziergang über unsere Vergangenheit. Ich erfahre, dass er 64 Jahr alt ist – ich hätte ihn jünger geschätzt, obwohl sein braungebranntes Gesicht vom vielen Sport in der freien Natur viele Falten aufweist. Er ist ein ungemein positiver Mensch, obwohl er auch schon viele Höhen und Tiefen im Leben erfahren musste. Seine Tochter nahm sich mit 15 das Leben – und in dem Moment, in dem er mir davon erzählt, wird seine Stimme ganz weich und sanft, voller Fürsorge und Trauer zugleich. Er war schon dreimal verheiratet – wahrscheinlich, weil es ein Mann mit seinem Äußeren mit der Treue nicht allzu genau nehmen kann, das Angebot für ihn ist sicherlich zu groß, diesem Mann müssen ja fast alle Frauen zu Füßen liegen. Schon nach wenigen Schritten möchte er meine Hand nehmen und Hand in Hand mit mir spazieren. Doch da wehre ich instinktiv ab, nein, sage ich, so schnell geht das bei mir nicht. Und er fragt, wie lange ich mit dergleichen Dingen denn warten möchte. Als ich sage, da muss ein Kavalier erst einmal einige Wochen um mich werben, dann erst gehe ich mit ihm Hand in Hand, da lacht er nur und meint: „Gut, dann sehen wir uns in vier Monaten wieder und lassen das dazwischen aus." Dieser Gauner, so ein Strizzi, aber er hat wirklich sehr viel Humor und sein Frohsinn und seine Lebensfreude sind ansteckend. Bei Kaffee und Kuchen erzählt er mir dann seine Lebensgeschichte, seine berufliche Laufbahn und wie er jetzt sein Leben als Pensionist gestaltet. Seine Kindheit verbrachte er auf einem Bauernhof, lernte dann den Beruf des Schmieds und vermietete später viele Jahre Fremdenzimmer im Zillertal. Sein Traumberuf wäre noch heute Pferdeschmied, aber das Schicksal hatte anderes mit ihm vor und so arbeitete er die letzten 20 Jahre als Bergführer und Bergretter. Auch jetzt in der Pension erklimmt er Sommer wie Winter viele Gipfel und füllt die Schlechtwettertage mit handwerklicher Betätigung aus. Er hilft Freunden und Bekannten bei Reparaturen im Haushalt, weil es ihm Spaß macht und weil er sich so auch ein Taschengeld verdient. Da werde ich hellhörig – zu reparieren gibt es in meiner großen Wohnung ständig was, und ich habe immer wieder das Problem, wen ich bitten kann, mir dabei zur Hand zu gehen. Willi – es gibt Begegnungen, die sind vom Leben gesteuert und sollen so passieren. Ich schlage ihm vor, vorerst mein privater Hausmeister zu werden. Er lacht und willigt ein.

Aber ich habe so viel zu tun, im Büro, mit dem Theaterverein, mit dem Lesen und Beantworten der „Liebesg'schichten und Heiratssachen"-Anfragen, dass wir einige Wochen lang keinen Termin für den Reparaturabend finden. Er ist auch immer wieder in Deutschland, wo er am Ammersee ein kleines Häuschen besitzt.

Doch schließlich finden wir einen Abend, und er kommt das erste Mal zu mir in die Wohnung, die er ja schon aus der Fernsehsendung kennt. Er ist beeindruckt vom gemütlichen Wohnraum und der angrenzenden, sonnigen Terrasse und will auf dem Sofa gleich ganz nahe neben mir Platz nehmen. Ich habe einen kleinen Imbiss vorbereitet, schließlich muss man die Handwerker bei Laune halten. Ich setze mich bewusst ihm gegenüber – so habe ich einen Sicherheitsabstand zu ihm, dem Frauenschwarm. Ich finde ihn interessant, allerdings finde ich seine derbe Ausdrucksweise manchmal sehr – sagen wir – „rustikal".

Ich frage ihn diesmal nach seinem Liebesleben aus. Er hat eine platonische Freundin in der Schweiz, für die er auch Hausmeisterdienste erledigt. Natürlich frage ich neckisch: „Nur Hausmeisterdienste oder andere auch?" Da gibt er zu, dass sie früher seine Geliebte war, jetzt allerdings nicht mehr, da sie einige Jahre älter ist als er und das Interesse an der Sexualität verloren hat. Was mir allerdings unverständlich ist, wie kann man so einen umwerfend gutaussehenden Mann nicht mehr begehren? Und in Innsbruck hatte er bis vor kurzem auch eine Freundin, parallel zu der Frau in der Schweiz, denn schließlich ist er ja immer wieder längere Zeit in Tirol und braucht Zärtlichkeit und Zweisamkeit und Sex – das ist einfach ein ganz wichtiger Bereich in seinem Leben. Ohne Hautkontakt, ohne Kuscheleinheiten und Zärtlichkeit und Leidenschaft findet er das Leben nicht lebenswert. Ja, das kann ich verstehen, denn genau auf diesem Gebiet komme ich schon jahrelang zu kurz. Auf meine Frage, wie viele Frauen er wohl schon im Bett gehabt hat, meint er, es wären wohl so an die 200. Mein Gott, ich glaube es ihm. Dieser Mann muss in jungen Jahren noch attraktiver gewesen sein – ich verstehe die Frauen, die bei ihm schwach geworden sind. Er hat das gewisse Etwas, eine Mischung aus Beschützer, Casanova und Naturbursch. Aber der Mann meiner Zukunft, der sollte doch auch treu sein und gesund – wie hat es ein Mann mit diesem Frauenverschleiß geschafft, nicht krank zu werden. Nun, von Aids und dergleichen wusste man früher nicht allzu viel, aber es gibt ja auch andere Krankheiten, die man sich bei ständig wechselnden Geschlechtspartnern holen kann. Doch wie er mir jetzt so gegenübersitzt, mit seinem spitzbübischen Lachen, mit seinen leuchtenden Augen, die einen so anstrahlen können, und mit seinen Komplimenten, die er einem macht, da schmilzt man als Frau einfach dahin. Und ich bereue, dass ich noch immer keine Kondome eingekauft habe, und nehme mir vor, diese nun endlich auf meine Einkaufsliste zu setzen. Reis, Nudeln, Schokolade und Zahnpasta habe ich immer auf Vorrat – aber jetzt, als bindungswilliger Single, sollte ich mich endlich auch mit Kondomen ausstatten. Das Thema Empfängnisverhütung habe ich ja bereits vor Jahren durch eine OP erledigt, aber wenn ich mich jetzt einem neuen Partner nähern sollte, muss ich mich als Frau mit Verstand und Gesundheitsbewusstsein schützen. Zumindest bei den ersten sexuellen Begegnungen, bis man sich als Paar fühlt und sich sicher ist, dass der Sexualpartner auch in diesen Belangen Vertrauen verdient – und man die Freuden des Lebens ungeschützt genießen kann. Aber vielleicht hat ja er ein Kondom eingesteckt? Mein Gegenüber wirkt so selbstsicher, wahrscheinlich ist er allzeit bereit. Dieser Mann hat darin Erfahrung, da würde ich jede Wette abschließen.

Wir unterhalten uns glänzend und besprechen, was in nächster Zeit bei mir an Reparaturen zu erledigen ist und dass wir schon bald einmal gemeinsam Ski fahren werden. Er fragt mich sogar, ob ich bereit wäre, nächste Woche mit ihm in die Türkei zu reisen. Nur wir zwei – einfach ausspannen, in der Sonne liegen und uns kennenlernen. Aber erstens bekomme ich zurzeit keinen Urlaub und zweitens möchte ich mir diesen Willi doch noch besser anschauen, optisch ist er „der Hammer“ – aber sein Vorleben hat mich doch etwas geschockt. Und ich möchte jemanden, mit dem ich eine ganze Urlaubswoche teile, auch besser kennen als eine Spazierganglänge. Glückliche Paare entzweien sich oft in den Ferien, welches Risiko ginge ich da erst ein, wenn ich mit einem mir noch fremden Mann eine ganze Woche ein Zimmer teile und seine und meine Erwartungshaltung dann nicht harmonisiert?

Beim Abschied nimmt er mich in seine starken Arme und küsst mich. Was für ein Kuss – wow – mir zieht es den Boden unter den Füßen weg. Dieser Mann kann küssen – kein Wunder bei der Erfahrung. Er küsst mich lange und intensiv, seine Zunge spielt dabei mit meiner und er drückt mich ganz fest an sich. Ich spüre seine Erregung und dass er mich begehrt, und sein heißer Atem und seine Lippen spielen mit meinem Nacken, er küsst meine Wangen, meinen Hals – seine Zunge kitzelt in meinen Ohren und auch meine Erregung steigt. Und seine Hände beginnen mich zu streicheln und meinen Körper zu erkunden.

Ich bin kurz davor, ihn in Bereiche vordringen zu lassen, die eigentlich für einen Handwerker tabu sind. Da sagt er den einen entscheidenden Satz: „Ulla, ich würde ihn so gern bei dir hineinstecken.“ Und die ganze Romantik ist dahin.

Mein Gott, wie derb, das hat noch nie jemand zu mir gesagt. Das klingt für mich einfach total abtörnend. Das ist wie eine kalte Dusche. Vielleicht auch, weil ich streng erzogen bin, meine Mutter hat uns Schimpfworte und vulgäre Kraftausdrücke immer verboten, bei uns zu Hause herrschte ein feiner Umgangston. Ein Mann kann auf so nette Weise sagen, was er bei einer Frau erreichen möchte, oft braucht es nicht einmal Worte, er spürt ja in der gemeinsamen körperlichen Begegnung, ob sie mehr zulässt oder nicht. Aber ein so derber Satz, wie er Willi soeben herausgerutscht ist, tötet bei mir alles ab. Ich werde steif wie ein Besen – er spürt meine Abwehr und versteht die Welt nicht mehr und sagt: „Also, mich hat noch keine Frau in diesem Erregungszustand nach Hause geschickt!" Aber ich habe kein Mitleid mit ihm, dann bin ich eben die Erste. Und ich lache etwas verlegen und meine nur, dass es an der Zeit ist, die Notbremse zu ziehen. Ich schiebe ihn förmlich bei meiner Wohnungstür hinaus. Er macht ein fassungsloses Gesicht und der große, kraftvolle Mann wirkt ratlos und verloren. Ich schließe die Tür, sperre ab und bin froh, dass er ohne Widerstand gegangen ist. Man weiß ja nie, wie ein abgewiesener Mann reagiert. Aber er hat sich korrekt verhalten – er hat respektiert, dass ich ihm zu verstehen gegeben habe: bis hierher und nicht weiter.

Am nächsten Morgen bombardiert er mich mit Anrufen, dann mit SMS – er ist Feuer und Flamme und möchte mich am liebsten jeden Abend sehen und mich massieren und mit mir kuscheln und Zeit verbringen. Er hat viel Zeit – er ist in Pension –, aber die Romantik zwischen uns ist zerstört. Doch meine Zurückweisung hat mich ihm erst richtig interessant gemacht. Es ist schon eigenartig, dieses Spiel zwischen Mann und Frau. Ich habe nicht versucht, mich durch Zurückhaltung interessant zu machen – aber dieser seit Jahrhunderten von Frauen angewendete Trick funktioniert auch ohne Vorsatz. Er verspricht mir am Telefon, mir alle Freuden des Liebesaktes zu zeigen und mich als Frau in den siebten Himmel zu bringen, mit allen Mitteln, die ihm zur Verfügung stehen – aber der tolle, attraktive Mann hat sich mit einem einzigen derben Satz auf die Ersatzbank befördert. Wenn er als Liebhaber das einlöst, was sein Kuss verspricht – dann ist er eine Sünde wert. Aber noch habe ich die Hoffnung nicht aufgegeben, dass ich einem Mann begegne, der mich in diesen Himmel der Freuden mit mehr Format entführt.

Willi steht mir nun wirklich als Hausmeister gegen Bezahlung zur Verfügung, allzeit bereit, auch andere Dienste zu leisten – wenn ich es will. Ein beruhigendes Gefühl – ich habe die Macht, dies zu entscheiden, mehr Macht hat immer derjenige, der weniger oder gar nicht liebt, aber Willi ist leider auch nicht der Mann für eine Zukunft, wie ich sie mir ausmale. Zu dieser Erkenntnis bin ich rasch gekommen.

Manchmal bedaure ich, dass ich an jenem Abend nicht schwach geworden bin. So habe ich einen sensationellen Liebhaber von der Bettkante gestoßen, bevor er zur Höchstform aufgelaufen ist. Niemand weiß, was ich versäumt habe, vielleicht hätte ich ihn beim Höhepunkt an die Wand werfen sollen, und er wäre zum Märchenprinzen mutiert. Aber mir ist Willi als Hausmeister mittlerweile lieber.

Michael

Innsbruck

Wer kennt sie nicht, diese typischen Montage. Der Wecker läutet und man drückt nochmals auf die Schlummertaste, es wäre einfach schön, noch ein wenig länger zu schlafen. Und dann steht man viel zu spät auf und steckt im morgendlichen Verkehrssalat und kommt schließlich zu spät ins Büro und der Chef schaut vorwurfsvoll auf die Uhr. Dann startet man den Computer und kommt nicht ins Programm – der Server hat übers Wochenende den Geist aufgegeben. Und schließlich ruft dann auch noch ein Kunde an und sagt den sicher geglaubten Auftrag ab.

Genau so ein Montag ist heute und meine Stimmung ist entsprechend angespannt. Da läutet das Telefon und es meldet sich *Michael.* Michael kenne ich schon viele Jahre von diversen Vernissagen und Adabei-Veranstaltungen. Er ist ein Szenemensch, ein Mann, der bei seinem Erscheinen die Blicke der Frauen auf sich zieht – auch heute noch, im Pensionsalter, noch viel mehr vor gut 20 Jahren. Damals erhielt er den Namen „der schöne Michael" – der Traum aller Schwiegermütter: groß, schlank, sportlich, gut gekleidet, Leiter einer Modelagentur. Eine meiner Freundinnen schwärmte vor Jahren für ihn und spionierte sein Stammlokal aus. Und wenn sie sein Auto vor dieser Bar parken sah, musste ich oft Begleitservice machen und zufällig mit ihr in der Bar auftauchen, immer natürlich in der Absicht, auf ihn zu treffen, mit ihm in ein Gespräch zu kommen und ihn „aufzugabeln". Ich erinnere mich, dass er sie einmal auf einem Ball sogar geküsst hat, aber mehr wurde nie daraus.

Genau dieser Mann, der Traum aller Frauen von Innsbruck, ruft mich an. Er erkundigt sich nach einer Wohnung, die ich vor kurzem inseriert habe, und bemerkt nebenbei, dass er mich in „Liebesg'schichten und Heiratssachen" gesehen hat und sehr überrascht war, dass ich solo sei. Und er fragt mich, ob ich bereits fündig geworden sei. Ich antworte, dass ich mich noch nicht für einen Partner entschieden habe. Da lädt er mich, fast ein wenig schüchtern, auf einen Drink und einen Erfahrungsaustausch ein. Ich bin völlig perplex. Der schöne Michael will sich mit mir, der durchschnittlich aussehenden Frau mit 50 plus, zu einem Date verabreden. Wir haben uns bei diversen Anlässen immer wieder einmal nett unterhalten, aber über Smalltalk sind wir nie hinausgekommen. Nie im Leben hätte ich mir ausgemalt, dass er auch nur einen Funken Interesse an mir finden könnte. Ich fühle mich geschmeichelt und sage zu, und damit das Ganze nicht so formell über die Bühne geht, verabrede ich mich mit ihm in einer Kunstgalerie bei einer Vernissage.

Als ich eintreffe, ist er schon anwesend und studiert ein sehr abstraktes Bild. Er begrüßt mich etwas steif, aber freundlich, ja, er ist richtig schüchtern. Das irritiert mich, ist es ihm nun peinlich, sich mit mir in der Öffentlichkeit zu zeigen, oder ist er wirklich so zurückhaltend? Es dauert nicht lange und die ersten Bekannten grüßen uns mit musternden Blicken, und es dauert nicht lange und die erste neugierige Frau kann sich die Frage nicht verkneifen: „Seid ihr nun ein Paar? Wie darf ich euren gemeinsamen Auftritt sonst verstehen?" Aha, sie hat die Sendung also gesehen und interpretiert jetzt gleich wieder alles erdenklich Mögliche in diese Begegnung. Ich muss innerlich lachen, denn die Dame ist als Klatschbase und als solche weitum bekannt. Ausgerechnet sie muss heute hier sein. Michael antwortet gar nichts und zieht sich in sein Schneckenhaus zurück und ich winde mich mit ein paar Floskeln aus der Affäre. Aber dem schönen Michael reicht es, er will nicht länger bleiben und entführt mich in eine Bar in der Nachbarschaft, um sich – wie er es nennt – näherzukommen. Er erzählt mir von seinem Studium der Philosophie, das er in der Pension vertieft und abgeschlossen hat, und welche grundlegenden Erkenntnisse er jetzt für sich und für das Leben gesammelt hat. Er wirkt auf mich noch immer steif und verklemmt, sehr unsicher und überhaupt nicht suverän, nein, verlegen wie ein kleiner Junge. Und ich sage ihm, dass ich total überrascht bin, dass er mich näher kennenlernen will, denn er, der attraktive Mann von Welt, habe wohl ein ganz anderes Beuteschema – ich passe da überhaupt nicht hinein. Da öffnet er sich ein wenig und erzählt, wie einsam sein Leben jetzt oft ist. Früher, in jungen Jahren, verbrachte er die Abende in In-Lokalen und fand immer sofort Anschluss, weil ihn die Frauen umschwärmten wie Motten das Licht. Das sagt er natürlich nicht wörtlich, aber ich habe es so verstanden und seinerzeit auch so empfunden. Aber die Frauen haben sich ihm immer an den Hals geworfen und er hatte nur wenige längere Beziehungen, viele seiner Partnerinnen waren zu eifersüchtig und klammerten zu sehr und so kam es, dass er heute sehr einsam und zurückgezogen lebt. Da er Single ist, weiß er oft nicht, wie er die Abende und das Wochenende gestalten soll. In den diversen In-Lokalen verkehren jetzt junge, hübsche Mädchen, die schon fast seine Enkelinnen sein könnten. Die schauen ihn überrascht an und wundern sich, was der Alte da in ihren Kreisen sucht. Eigentlich wäre er jetzt in dem Alter, in dem man mit der Lebenspartnerin den Abend gemütlich mit Freunden oder in trauter Zweisamkeit verlebt, gemeinsam ins Kino oder Theater geht und die kostbare Freizeit genießt. Ich verstehe, er hat den Absprung versäumt, hat sich nie wirklich in eine Partnerschaft vertieft. Wer so gut aussieht, hat so viele Angebote, dass er befürchtet, die falsche Wahl zu treffen. Jede Woche ist ihm eine neue attraktive Frau begegnet, die ihm verheißungsvolle Blicke zugeworfen hat. Er hatte stets die Qual der Wahl und irgendwann hat er übersehen, dass alle anderen Adabeis Familien gegründet hatten und nicht mehr durch das Innsbrucker Nachtleben gezogen sind.

Ich frage ihn, wie alt er jetzt eigentlich ist, aber ich bekomme keine Antwort. Er macht aus seinem Alter ein Geheimnis – auch das irritiert mich. Aber ich kenne einige seiner früheren Freundinnen und die sind schon alle über 60, also muss der schöne Michael wohl schon an die 70 sein. Dafür sieht er immer noch umwerfend aus. Erst vor kurzem habe ich ihn in einer kleinen Rolle in einer Fernsehserie gesehen – er ist wirklich eine herausragende Erscheinung. Aber jetzt erfahre ich, dass dieser schöne Mann einsam und sehr, sehr unsicher ist. Und er will von mir wissen, welche Vorstellungen ich von einer Partnerschaft habe. Wie bei einem Verhör löchert er mich, welche Anforderungen ich an einen zukünftigen Partner stelle und was ich diesem bieten könne. Und ich ertappe mich dabei, dass ich gar nicht so schnell genau formulieren kann, wonach ich eigentlich suche. Ich frage mich, ob ich über dieses Anforderungsprofil zu wenig nachgedacht habe, ob ich mich zu oberflächlich auf die Suche mache, indem ich vor allem darauf hoffe, dass die Chemie passt und der Funke überspringt und sich alles andere dann ergibt.

Er erklärt mir, dass er sehr genau weiß, wie für ihn eine Partnerschaft funktionieren soll, und dass er sich sehnlichst eine solche wünscht. Wichtig sei ihm, dass man dem Gegenüber immer alles genau erklären kann. Und er bringt auch ein Beispiel: „Nehmen wir an, es ist Sonntag, es regnet und ich will mit dir spazieren gehen, du aber nicht. Dann erwarte ich, dass du mir erklären kannst, warum du nicht willst, du musst begründen, warum nicht. Es kann nicht sein, dass du einfach sagst, ich mag heute nicht, denn ich muss deine Gründe kennen, damit ich verstehen kann, warum du Nein sagst." Oje, denke ich, das klingt sehr, sehr mühsam. Wenn meine Freundin sagt, ich mag heute nicht – dies oder das –, dann mag sie eben nicht. Ich erwarte keinen halbstündigen Monolog, warum nicht, sie hat das Recht, einfach nicht zu mögen, vielleicht weiß sie ja selbst gar nicht, warum sie nicht mag. Es gibt Tage, da mag man sich selber nicht und weiß auch nicht genau, warum. Wenn ich dem schönen Michael schon genau begründen muss, warum ich nicht am Sonntagmorgen spazieren gehen will, was erwartet er dann erst, wenn ich wirklich entscheidende Dinge einmal nicht mit ihm teilen möchte. Und je länger wir über Partnerschaft und Gemeinsamkeit reden, umso anstrengender wird der Dialog. Er drückt sich so kompliziert aus, dass ich viele seiner Aussagen gar nicht verstehe. Er zerredet Nichtigkeiten und ich werde müde und gähne verstohlen. Und während er mir einen Vortrag hält, woran die meisten Mann-Frau-Beziehungen scheitern, überlege ich mir, wie die Wochenenden mit diesem attraktiven Mann wohl verlaufen würden. Würde ich im Theater mit ihm an meiner Seite in der Loge Platz nehmen, würden viele Blicke neidvoll auf uns ruhen. Da hat sich die Ulla ja einen wirklich umwerfenden Begleiter gewählt. Da kann man ihr nur gratulieren. Dann würden wir gemeinsam nach Hause gehen, uns ins Bett legen und ich müsste ihm erklären, warum ich heute Sex mit ihm haben möchte oder warum nicht, und ich dürfte nicht einschlafen, bis ich genügend überzeugende Argumente dafür oder dagegen gefunden hätte. Und beim Frühstück ginge dann die Diskussion weiter, und ich würde vielleicht schon drei Jahre mit ihm zusammenwohnen und noch immer nicht sein wahres Alter kennen. Ich gähne wieder, diesmal nicht dezent, sondern so, dass es auch ihm auffallen muss, und erwähne, dass ich nun langsam nach Hause gehen möchte.

Er bezahlt und bringt mich in seinem Auto heim. Nein, das weiß ich schon, bevor wir vor meinem Haus ankommen – ich werde ihn nicht zu mir bitten, ich freue mich schon so auf mein Bett und diese komplizierten Gespräche haben mich wahnsinnig müde gemacht. Er küsst mich zum Abschied. Ich setzte dem Ganzen abrupt ein Ende, steige aus und ziehe mich in meine Wohnung zurück. Wieder um eine Erfahrung reicher und der festen Überzeugung: Mit diesem Mann möchte ich meinen Lebensabend nicht verbringen. Ihm fehlt jede Leichtigkeit des Lebens.

Doris

Salzburg

Standardformular von „Liebesg'schichten und Heiratssachen"

Mein Liebesbrief geht an:
Ulla
Was mir an ihr/ihm gefällt:
Liebe Ulla,
ich bin zwar eine Frau, war jedoch selbst am ... Kandidatin, Doris, 50 Jahre alt, aus Salzburg. Ich möchte Ihnen sagen, wie toll ich Sie finde, Ihre Ausstrahlung, Ihre Erscheinung, Ihre Wohnung, Ihr Gesprochenes. Ich hoffe, Sie haben mehr Glück, meine Zuschriften waren mehr als enttäuschend und wenig. Aber es wird wohl nicht leicht sein, einen Mann Ihrer Klasse zu finden. Falls Sie sich mal austauschen wollen, dann freu ich mich über ein Mail.
Ich über mich (Hobbys, Aussehen, Träume ...): Ich liebe gutes Essen wie Sie, reise für mein Leben gern, bin humorvoll, sehr modisch wie Sie und vieles mehr.
Glg
Doris

Als Erstes fällt mein Blick auf die Unterschrift: Doris – eine Frau!? Ich bin schockiert und amüsiert zugleich. Ich kenne meine unterschiedliche Wirkung auf Männer, aber dass sich jetzt sogar eine Frau von mir angesprochen fühlt, erstaunt mich doch. Dann lese ich den Text und verstehe, eine Leidensgenossin möchte sich also mit mir austauschen. Ich beschließe, etwas Zeit verstreichen zu lassen, das Mail in Evidenz zu halten und die Dame in einigen Wochen zu kontaktieren.

Es ist Sonntag, ich blättere wieder einmal meine Ordner mit den potenziellen Kandidaten durch und bin traurig – so viele Schreiben, aber kaum Kandidaten aus Tirol und fast keine Bewerber, die mich wirklich ansprechen, bei denen mir ein Treffen sinnvoll und interessant erscheint. Ich denke, es ist an der Zeit, Doris anzurufen. Es meldet sich eine energische, sympathische Stimme mit gepflegtem Deutsch mit leichtem oberösterreichischen Akzent.

Doris freut sich riesig, dass ich sie tatsächlich anrufe. Sie erzählt mir von ihren Erfahrungen nach der Sendung. Sie hat nur knapp 20 Zuschriften erhalten. Sie führt die wenigen Anfragen darauf zurück, dass sie im Interview so ausgiebig von ihrem geschiedenen Mann geschwärmt hat, wie attraktiv er sei und was für ein toller Mann und dass sie damit viele potenzielle Verehrer verschreckt hat, das würde sie heute nicht mehr machen. Aber in dem Augenblick, in dem sie nach ihm befragt wurde, ist sie einfach ins Schwärmen gekommen, denn sie hat ihn ja nicht gern an eine Jüngere verloren. Und sie erzählt mir, dass sie sich mit keinem der Kandidaten getroffen hat – sie entsprachen alle nicht ihren hohen Ansprüchen.

Doris versucht ihr Glück nun wieder in gewissen Internetplattformen, da findet man zumindest Männer fürs Bett. Sie spricht darüber ganz offen, auch dass sie jetzt jüngere Lover schätzt, da diese einfach bessere Liebhaber seien. Männer nehmen sich schließlich auch jüngere Frauen, sie entspricht damit dem Trend der Zeit. Zurzeit trifft sie sich ganz unverbindlich mit einem 40-Jährigen aus dem Internet, aber sie wird diese Liaison schon bald wieder beenden, der Mann ist gut im Bett, aber ein Kontrollfreak und sehr eifersüchtig und geistig leider nicht auf ihrer Ebene. Sie reist sehr gern und kann sich aufgrund eines ausgezeichnet dotierten Jobs große Fernreisen leisten. Sie habe sich gedacht, wenn ich durch meinen Auftritt in der Sendung schon keinen Mann finde, vielleicht hätte ich dann mal Lust, mit ihr zu verreisen. Ihr fehlt auch die passende Freundin, mit der man gut verreisen könnte. Und ich könne sie auch jederzeit in Salzburg besuchen, sie geht viel aus und kann mir die Lokale in Salzburg zeigen, in denen man betuchte Männer trifft. Außerdem mache sie zurzeit eine Therapie, um sich besser kennenzulernen und über ihre Scheidung besser hinwegzukommen.

Je länger ich mit ihr telefoniere, umso mehr tut sie mir leid. Eine geschiedene Frau hat oftmals viele Kränkungen erfahren. Es ist sehr schmerzhaft, gegen eine jüngere, hübschere Frau ausgetauscht zu werden. Dabei hat mir Doris ein Foto geschickt, und das zeigt eine gepflegte, modische, unheimlich schlanke Frau – aber in ihrem Gesicht lese ich eine gewisse Bitterkeit, und auch im Gespräch höre ich etwas Trotz, oder aber Bitterkeit: dass sie ein Recht auf ihr persönliches Glück habe, auf einen Partner, der sie und ihr umwerfendes Aussehen zu schätzen weiß. Umwerfend ist nun auch wieder übertrieben, sie ist eine hübsche Frau, mit einer viel tolleren Figur als ich, aber ich habe mehr Humor und Leichtigkeit im Leben. Ich glaube, es ist letztlich wirklich leichter, Witwe zu sein als Geschiedene. Den Witwen begegnen die Menschen mit Mitgefühl, bei Geschiedenen schwingt oft mit, sie wird schon auch nicht ganz schuldlos an der Trennung sein, irgendetwas muss sie in ihrer Ehe falsch gemacht haben, sonst hätte sie ihr Mann ja nicht verlassen. Außenstehende maßen sich oft an, Schuldzuweisungen auszusprechen, was natürlich Unfug ist, niemand hat Einblick ins Schlafzimmer eines Paares. Und Schuldzuweisungen bringen auch überhaupt nichts. Auf jeden Fall fühlen sich alle meine geschiedenen Freundinnen in einer gesellschaftlich schlechteren Position als ich. Witwen sind auch heute noch angesehener als geschiedene Frauen – also kann ich mir gratulieren, ich bin eine besser gestellte Singlefrau. Auf jeden Fall bin ich nicht so verhärmt wie Doris, denn meine Erinnerung an die Ehe ist eine wunderschöne, eine glückliche, mein Mann hat mich nicht freiwillig verlassen, das hinterlässt andere Wunden als sitzengelassen zu werden. Doris, du brauchst wirklich therapeutische Hilfe, das kann ich nach diesem Telefonat bestätigen. Eine hübsche Frau bist du, in einer Superposition, und doch mit so wenig Selbstwert und mit so wenig Glauben an die Möglichkeit einer glücklichen Beziehung.

Ich will auch keinen Urlaub mit einer wildfremden Frau verbringen. Ich habe Gott sei Dank ein tolles Umfeld an Freundinnen, für alle meine Interessen verschiedene liebe Bezugspersonen, und so auch unternehmungslustige Freundinnen zum Reisen – auch unter Frauen ist es nicht selbstverständlich, dass die Chemie stimmt, dass man eine Reisekameradin findet, mit der man gern 14 Tage und mehr das Zimmer teilt und manche Strapazen.

Es ist ein interessantes Gespräch mit Doris, und ich sehe wieder einmal, dass es nicht einfach ist, den Richtigen zu finden. Wir wünschen uns gegenseitig viel Glück und hoffentlich schon bald den richtigen Partner fürs Alter. Und wer weiß, vielleicht treffen wir uns irgendwann doch einmal, um uns über unsere Erfahrungen beim Männerfang auszutauschen.

Peter
Niederösterreich

Hallo Ulla,
denke, der größere Rummel nach der Sendung müsste vorüber sein – die eingegangenen Telefonate und Mails gesichtet.
Gerne hätte ich mich mit Ihnen im Hangar 7 in Salzburg so ungefähr in der Mitte zwischen Tirol und NÖ einmal getroffen – einfach so; weil Sie mich wirklich interessieren – den Zeitpunkt lasse ich Ihnen über.
Möchte nicht als Stalker dastehen, darum warte ich einfach auf Ihre Antwort.
Auf jeden Fall habe ich Ihnen und allen lieben Ullas auf der Erde meine letzte Kreation aus meiner Hexenküche gewidmet – siehe Anhang – vielleicht wartet auf mich irgendwann eine liebe und lebendige „Ulla" zum Würzen meines Alltags!
Ihr Foto aus „Liebesg'schichten und Heiratssachen" ziert derzeit meinen Desktop.
Liebe Grüße aus NÖ
Peter

Anhang:
WOHL BEKOMMS – MIT VIEL NATUR
„Green Energy" – „ULLA"
UNIVERSAL-KRÄUTER-WÜRZE
Kräuter sind nicht nur würzig – sie sind hochwertige Verdauungshelfer und Fat-Burner durch ihre stoffwechselanregende Wirkung.
Mit „ULLA" bekommen Saucen, Suppen, Dressings, Marinaden, Cremen, Parfaits, Drinks, Kuchen, Brotteig, Eiscremen,

Bowlen nicht nur mehr „Pep", sondern sind leichter im Magen, helfen Zucker und Salz reduzieren durch mehr Geschmack!
„Ulla" in heißes oder kaltes Wasser und der Kräuterdrink ohne Zucker ist fertig.
„Ulla" in die Milch – schmeckt gut und tut gut.
„Ulla" ins Müsli und es drückt nicht mehr.
„Ulla" für die schnelle würzige Kräuterbutter und Aufstriche.
„Ulla" macht Nudelgerichte grün und schmackhaft ohne Öl.
„Ulla" hilft beim Garnieren in der Küche.
„Ulla" und Ihr Darm wird wieder munter – kühlt bei Insektenstichen, Verstauchungen und beim Sonnenbrand!
„Ulla" in die Wanne und das Kräuterbad ist fertig.

Ich und ein Gewürz? Interessante Idee, eine Frau zu umwerben. Seine wenigen Zeilen klingen sehr nett und er ist großzügig – lädt mich gleich in den Hanger 7 ein, eines der teuersten Lokale, die ich vom Hörensagen kenne und das ich wirklich gern einmal besuchen würde. Diese Einladung verlockt dazu, sie anzunehmen. Und der Anhang ist ein wenig verrückt oder kreativ oder witzig – wie auch immer man das sehen will. Auf jeden Fall hat sich Peter etwas einfallen lassen, um aufzufallen. Andere Männer verfassen Gedichte, er hat mich zum „Gewürz" befördert. Er hat es verdient, dass ich ihm antworte – ich bin neugierig, mehr über ihn zu erfahren.

Lieber Peter!
Vielen Dank für Ihr nettes Schreiben. Vielen Dank auch, dass ich Ihren Desktop ziere … mein Sohn hat mich z. B. nicht am Desktop.
Eigentlich habe ich mir vorgenommen, allen Bewerbern, die in einer größeren Entfernung als 200 km wohnen, gleich eine Absage zu schicken. Aber Sie haben so nett geschrieben, dass ich das

in Ihrem Fall einfach nicht kann. Ich glaube aber, eine Beziehung in dieser Entfernung aufzubauen wird sehr schwer sein. Ich habe gelernt, mein Leben positiv zu gestalten – aber gerade jetzt, da mein Sohn ausgezogen ist, wäre wieder Platz für eine Beziehung, und es wäre schön, nochmals dem Richtigen zu begegnen. Doch ich weiß, dass dies in der Mitte des Lebens schwieriger ist. Jeder hat so viele Ecken und Kanten – es muss viel passen, dass man nochmals eine Beziehung eingeht.
Freue mich darauf, mehr von Ihnen zu erfahren – Sind Sie Koch? Könnte ja sein, da Sie mich als Gewürz sehen.
Lg – Ulla

*

Hallo Ulla,
bei Ihrer Präsentation hat es mich einfach elektrisiert wie schon lange nicht mehr.
Nach einem sehr bewegten Leben – großteils für andere Menschen – als Krankenpfleger Seite an Seite mit ungeübten Ärzten in schwierigen Situationen – als Wanderführer in Mallorca bis vor kurzem – als Familienvater – meine erste Frau ist auch früh gestorben, an Krebs – meine 4 Buben sind alle schon selbständig, haben immer dick zusammengehalten und sind jetzt mit guten Beziehungen auch seelisch gut drüber hinweg.
Bin Naturbursch durch und durch mit vielen Ecken und Kanten, aber einem aufrichtigen Herz – rauche nicht – trinke zum Genuss ab und zu kühles Bier, Wein nur in Gesellschaft und dazwischen Tee in vielen Variationen. Aus dieser Leidenschaft ist eine neue Lebensaufgabe geworden mit einem Kleinunternehmen, das mich auf verschlungenen Wegen in die Veredelung von Lebensmitteln, Getränken und der Küchentechnik mit natürlichen Mitteln und wenig Gags geführt hat.

Vor kurzem schaffte ich nach langen Bemühungen den Durchbruch in der Entwicklung eines biologischen Düngemittels mit hervorragender Wirkung. Meine Homepage schaut bewusst sehr verstaubt aus – die neuen Sachen werden alle über Partnerbetriebe gemacht und stehen großteils noch unter „streng vertraulich" – meine Homepage können Sie gern einsehen: …
Erfolg ist aber nicht alles! Einsame Stunden können wehtun. Privat möchte ich auch endlich neu durchstarten und noch einiges in guter Freundschaft nachholen, was bisher nicht möglich war.
Mit Ihnen/Dir möchte ich bald tanzen – lachen – kochen – genießen – plaudern – schmusen – freuen – zuhören und gehört werden – wahrgenommen werden – spüren und gespürt werden – eine neue Welt entdecken, das Tiroler Land, und Dir schöne starke Plätze in Niederösterreich zeigen und auch ganz neue Sachen gemeinsam entdecken – die Vergangenheiten kennenlernen, aber die Zukunft vor Augen haben.
Dein natürliches Selbstbewusstsein sehe ich als tolle Herausforderung, das mir keine Angst macht, sondern beruhigt das erste Treffen erwarten lässt.
Möchte auch meine Kreativität weiter pflegen dürfen, die vielen Kontakte zu wichtigen Partnern in der Lebensmittelwirtschaft als Mensch erledigen. Habe aber alles so organisieren können, dass dazwischen sehr viel Freiraum zum wirklichen Leben vorhanden ist.
Diese Zeit möchte ich nicht totschlagen, sondern mit einem genauso lebendigen Menschen viel Gutes und Neues erleben, aber auch ganz einfach beisammensitzen und die lang ersehnte Ruhe in Frieden genießen – aber ein wenig hackeln muss auch Platz haben – Versöhnen hat auch seine guten Seiten.
Auf Dein Echo freut sich
Peter

Peter scheint ein bewegtes Leben hinter sich zu haben und er ist vielseitig, probiert gern Neues aus. Natürlich schaue ich mir sogleich seine Homepage an, vor allem mit dem Hintergedanken, dass ich dort wohl auch ein Foto von ihm finde. Er ist ein „Gesundheitspapst" – bietet Bio-Produkte direkt von Bauernhöfen an und es finden sich viele sehr persönliche Gedanken über gesunde Lebensweise und Ernährung.

Er bietet auch Kurse an, vor allem solche, die sich mit dem Verdauungstrakt auseinandersetzen, aber auch „Einkehrtage" mit Basenfasten – ja, das wäre für mich auch gesund –, dieser Mann hat einen Erwerbszweig gefunden, der ihm nicht nur zu einer Einnahmequelle verhilft, sondern mit dem er der Menschheit auch Gutes tun möchte. Als Krankenpfleger hat er diese soziale Komponente sicher bereits in sich verspürt und nun, in reiferen Jahren, hat er mit seiner Lebenserfahrung ein eigenes Unternehmen aufgebaut. Er hat seine Berufung gefunden. Und wo ist nun sein Foto? Da sieht er mich schon mit seinem ausgeglichenen, friedlichen Gesichtsausdruck aus dem Computer an. Er trägt ein weißes, lose fallendes Leinenhemd (sicher auch ein Naturprodukt), hat graues, dichtes, lockiges Haar und sein Körperbau lässt darauf schließen, dass er seine Basenfastenwoche schon längere Zeit nicht mehr aktiv besucht hat. Er wirkt sehr in sich ruhend und zufrieden, sympathisch und herzlich. Es gibt auch eine kurze Beschreibung – aha – er ist Jahrgang 1953, also sieben Jahre älter als ich, und tanzt leidenschaftlich gern. Damit hat er gleich ein großes Plus bei mir – es gibt ja so wenige Männer, die gern tanzen.

Lieber Peter!
Ja, da gebe ich Ihnen recht. Erfolg ist nicht alles und auch ich kenne einsame Stunden. Nichts wäre erfüllender, als nochmals

einem Mann zu begegnen, mit dem ich in eine gemeinsame Zukunft blicken könnte.
Gern nehme ich Ihre Einladung in den Hangar 7 an. Ich würde vorschlagen, dass ich mit dem Zug nach Salzburg reise und wir uns dann dort am Bahnhof oder auch im Hangar 7 verabreden. Ich freue mich darauf, Ihnen gegenüberzusitzen und mehr über Ihr Leben zu erfahren.
Liebe Grüße aus Ibk
Ulla

*

Hallo Ulla,
ich kann es nicht mehr erwarten – schlage vor, dass Sie schon am kommenden Samstag nach Salzburg kommen – hier meine Handynummer – freue mich auf eine „würzige" Unterhaltung und gemeinsame Zeit und auf eine großartige Zukunft.
Lg
Peter

Langsam, langsam – vorerst ist ein gemeinsames Mittagessen geplant. Ob es für uns eine gemeinsame Zukunft gibt, das wird man sehen. Ich rufe ihn an und finde seine Stimme angenehm, allerdings redet er sehr viel, aber das kann auch mit einer gewissen Unsicherheit beim ersten Telefonat zusammenhängen. Ich lasse mich überraschen – was auch kommt, zumindest erlebe ich ein Essen im Hangar 7, das ist dieses Abenteuer wert.

Und so fahre ich am darauffolgenden Samstag nach Salzburg. Ich bin schon lange nicht mehr Zug gefahren und bin überrascht, dass es eigene Damenabteile gibt. Ich setze mich in eines dieser Abteile und denke darüber nach, was ich Peter alles fragen möchte und ob er wohl der Mann für meine Zukunft sein könnte. Er kocht leidenschaftlich gern, hat er mir erzählt. Alle Männer, die mit mir in einer längeren Beziehung verbunden waren, haben gern gekocht. Ich habe das nie gesteuert, aber ich habe es immer sehr genossen, wenn mich ein Mann mit einem köstlichen Gericht verwöhnt hat. Ich bin ja keine leidenschaftliche Köchin, aber ich schätze gutes Essen – ich bin eine richtige Genießerin. Und deshalb freue ich mich jetzt auch auf den Hangar 7, dort soll man ja erlesen essen. Hoffentlich erkenne ich diesen Peter überhaupt. Ich habe ja nur das Foto von seiner Homepage gesehen. Aber er hat gemeint, er kennt mich aus der Sendung und hat mich täglich am Desktop, er wird mich am Bahnsteig abholen und auch finden.

Zwei Stunden Zugfahrt sind rasch verflogen. Ich trage einen getigerten, engen Rock und dazu ein lila Shirt und eine lila Jacke. Ich weiß, dass mir die Farbe steht, und ich hoffe, dass ihn mein Tigerlook anspricht. Die Zugtüren öffnen automatisch und ich trete auf den Bahnsteig und sehe mich nach ihm um. Da eilt schon ein Mann auf mich zu, mit einer roten Rose in der Hand. „Hallo Ulla“, sagt er, „wie schön, dass Sie wirklich gekommen sind.“ Er überreicht mir die Rose und küsst mich links und rechts auf die Wange und umarmt mich dabei herzlich. Er ist nicht sehr groß, trägt einen Trachtenanzug und ein stattliches Bäuchlein spannt sein Hemd, das er ruhig eine Nummer größer hätte kaufen können. Er führt mich zu seinem Auto, einem großen Mercedes, ähnlich wie ein Jeep (mit Automarken kenne ich mich nicht aus), und ich muss die erste Hürde nehmen, mich mit meinem engen Rock graziös in den Beifahrersitz zu schwingen. Irgendwie gelingt es mir und wir fahren mit Schlagerschnulzenmusik hinaus zum Hanger 7. Ein architektonisch gelungener Bau lenkt meine ganze Aufmerksamkeit vorerst auf sich. Ich überlege, was ich mit meinem Geschenk, der Rose, machen soll, und lasse sie im Auto zurück. Beim Aussteigen reicht er mir die Hand, damit ich leichter aus dem Wagen komme, und erwähnt, dass er mein Outfit elegant und sehr sexy findet, und er zwinkert mir dabei zu.

Wir betreten das Erdgeschoss und Peter führt mich eine kleine Runde vorbei an tollen Rennwagen und einigen modernen Bildern, eine Ausstellung, die zurzeit präsentiert wird. Im ersten Stock werden wir vom Ober schon erwartet und er führt uns an den reservierten Tisch. Peter bestellt ein Glas Champagner zum Aperitif, und wie ich alsbald feststelle, gibt es in diesem feudalen Haus keinen Sekt und keinen Prosecco, nur Champagner verschiedener Sorten. Außer unserem ist nur ein weiterer Tisch mit Geschäftsleuten besetzt, alle in Anzug und Krawatte. Wir sitzen etwas abseits und können uns so gut und unbeobachtet unterhalten. Es gibt mittags nur ein Menü mit unzähligen Gängen, wir entscheiden uns für die kleine Version und bestellen aus der Vielzahl an Gerichten drei Gänge, die besonders erlesen klingen. Der Tisch ist wunderschön gedeckt, der Champagner wird serviert und Jourgebäck eingestellt und wir dürfen zwischen Butterkügelchen mit verschiedensten Geschmacksrichtungen wählen – mit Algen, Trüffeln oder auch nur gesalzen. Ich frage Peter, ob er schon öfter hier gewesen ist. Er erzählt mir, dass er öfters geschäftlich in Salzburg zu tun hat und dann gern mit Geschäftspartnern hier speist. Wir prosten uns zu und er beginnt mir sein Leben zu erzählen. Er berichtet von seiner schweren Kindheit, dem Vater, der leider dem Alkohol zugesprochen hat, und der Mutter, die ihn über alles geliebt hat, ihn aber vor den Schlägen des betrunkenen Vaters nicht schützen konnte. Davon, dass er mit 16 zu Hause Reißaus genommen hat und sich von da an selbst durchs Leben geschlagen hat. Seine erste Frau heiratete er schon mit 20 und sie bekamen vier Kinder. In den ersten Jahren arbeitete er auf Bauernhöfen, aber schon bald ließ er sich zum Krankenpfleger ausbilden. Schon immer spürte er, dass er den Menschen helfen wollte – Natur und Mensch, den beiden galt sein ganzes Interesse. Als seine Frau dann viel zu früh starb, schien für ihn der Himmel für kurze Zeit dunkel und trostlos. Aber seine vier Söhne zwangen ihn zu Disziplin und so arbeitete er vor allem nachts im Krankenhaus und zog die Kinder allein groß. Als das letzte seinen Lehrabschluss machte und aus dem Elternhaus auszog, brach er alle Zelte ab und ging nach Mallorca und wurde Wanderführer. Ihn freute die Arbeit an der frischen Luft mit gutgelaunten Touristen, die dem Stress des Alltagslebens zu entkommen suchten und denen er die Schönheiten der Insel zeigte. Aber als seine ersten Enkel auf die Welt kamen, überkam ihn das Heimweh und er beschloss, nach Niederösterreich zurückzukehren. Um die Osterzeit nahm er an einer Schweige-Fastenwoche in einem Kloster teil und hörte nicht nur auf seinen knurrenden Magen, sondern vor allem auf seine Seele und seine Berufung. Und so begann er sich mit gesunder Ernährung zu befassen und tauschte sich mit Gleichgesinnten aus und fing mit dem Vertrieb von Biogemüse und Obst an. Mittlerweile läuft sein kleines Unternehmen ganz ausgezeichnet, er erzeugt ausgefallene Natursäfte, Marmeladen und Gewürze, und er bietet gemeinsam mit einem Arzt Basenfasten am Land an. Voller Enthusiasmus erzählt er, dass die Menschen im Westen zu Ausbeutern der Natur geworden sind, und dass er und seine Partner neue Wege gehen. Sie bieten gesunde Nahrung an, kein genmanipuliertes Gemüse, keine mit Dünger hochgezüchteten

Lebensmittel – er sieht es als seine Aufgabe, den Menschen klarzumachen, dass Profit auch mit ehrlichem Handel erzielt werden kann.

Peter erzählt voll Feuereifer, ist von seiner Idee, seiner Lebensphilosophie besessen. Und er schimpft auf die Politik, die es nicht schafft, der Ausbeutung der Natur Einhalt zu gebieten. Wir sind schon beim zweiten Gang und er erzählt immer noch über sich und seine Firma, seine neueste Marmeladenkreation und die Ernteeinbrüche bei Honig infolge des Bienensterbens. Ich weiß in Kürze sehr viel von ihm, aber er rein gar nichts von mir – außer das, was ihm aus der Sendung bekannt ist.

Plötzlich hält er inne in seinem Vortrag, nimmt zärtlich meine Hand und streichelt sie. „Ulla", sagt er, „ich finde Sie jetzt, da Sie mir gegenübersitzen, genauso sympathisch wie im Fernsehen. Ich genieße es, Ihnen von meinen Plänen zu erzählen, und ich hätte gern so eine Frau wie Sie an meiner Seite. Sie könnten mit mir zumindest einen kleinen Teil der Welt verbessern. Sie könnten bei mir mitarbeiten und wir könnten einer glücklichen, gemeinsamen Zukunft entgegensehen. Ich bin so einsam – ich brauche genau Sie."

Ich frage ihn, wie er sich das denn vorstellt. Und ich erlaube mir, kurz auch von mir und meiner Lebenssituation zu berichten. Dass mir mein Job viel Freude bereitet, ich eigentlich nicht umsatteln möchte und auch meinen Lebensabend gern in Innsbruck und Umgebung verbringen würde. Nicht zuletzt, weil dort all meine Freunde, all meine Wegbegleiter leben.

Aber er ist nicht zu bremsen. Ich könnte ja meine Wohnung in Innsbruck verkaufen. Mit dem Verkaufserlös und seinen Ersparnissen könnten wir uns gemeinsam ein Gehöft kaufen und seine kleine Firma weiter ausbauen. Er habe da schon ein Anwesen besichtigt und das würde mir sicher auch gefallen. Wir könnten Gesundheitswochen anbieten, den Gästen zeigen, wie man selbst Säfte erzeugt und Lebensmittel zubereitet, ohne dass die wichtigen Nährstoffe verlorengehen. So hätten wir ein gemeinsames Ziel und mit dieser gemeinsamen Lebensaufgabe würden wir bestimmt unser Glück und unsere Berufung finden. Er möchte mich glücklich machen, viel Zeit mit mir verbringen und ein sinnvolles Dasein führen. Unsere zukünftige Tätigkeit würde uns auch genügend Zeit bieten für gemeinsame Radtouren und Wanderungen und abends könnten wir dann bei einem Glaserl vor unserem Haus sitzen und die Zweisamkeit genießen.

Ich betone nochmals, dass es mich nicht aufs Land zieht und ich meinen Job nicht aufgeben möchte. Und ich erzähle ihm, dass ich neben vielen anderen Hobbys sehr gern reise. Ich verspüre von Zeit zu Zeit richtiges Reisefieber und liebe es, ferne Länder zu sehen und dort Menschen mit anderen Träumen und Bedürfnissen zu begegnen. Und dass ich mich in den nächsten Jahren nicht irgendwo am Land in Niederösterreich sehe.

Da hält er mir eine Predigt, wie schlecht der Schadstoffausstoß der Flugzeuge für die Umwelt sei. Und dass ich mit meiner neuen Passion an seiner Seite keine Reisen vermissen und eine neue Erfüllung spüren werde.

Mittlerweile sind wir beim Dessert angelangt und ich fühle mich in die Enge getrieben, so pocht er darauf, dass ich seine Begeisterung für sein – und in Zukunft unser gemeinsames – Projekt teile. Zum Abschluss erklärt er mir, dass er von Anfang an, gleich nach den ersten Sätzen in meinem Interview im Fernsehen, überzeugt war, ich bin die richtige Frau für ihn.

Ich betone nochmals, sehr deutlich, dass mich seine Ideen eher verschrecken, ich mir ein erstes Kennenlernen anders vorstelle. Ich bin nicht bereit, beim ersten Treffen mein ganzes Leben über den Haufen zu werfen und mit fliegenden Fahnen eine Zukunft zu wählen, die ein Unbekannter sich in bunten Farben für mich ausmalt. Seine Lebensvision deckt sich mit meiner nur in einem Punkt: dass es schön wäre, wieder zu jemandem zu gehören. Aber zu jemandem, der sehr ähnliche Vorstellungen von der Zukunft hat. Ich muss mich einfach zur Wehr setzen, wenn mir jemand zwanghaft seine Ziele und Bedürfnisse überstülpen will. Ich kann mir vorstellen, mit einem Partner auch beruflich in eine Richtung zu blicken, wenn die Betätigung meinen Stärken und Neigungen entspricht. Aber ich möchte nicht meine Wohnung verkaufen und ins kalte Wasser springen und mich mit einem Mann, den ich nicht kenne, sofort in eine Partnerschaft stürzen.

Da wird er langsam verzweifelt, er fragt mich, warum ich dann dem Treffen zugestimmt habe. Ich versuche zu relativieren, dass seine Zeilen doch unverbindlich geklungen haben und ich einfach neugierig gewesen bin, ihn kennenzulernen, und ich ja immer darauf hingewiesen habe, dass wir weit auseinander wohnen, und er trotzdem auf das Treffen gedrängt hat. Ich bitte ihn, nicht böse zu sein, aber das alles klingt für mich nicht verlockend und er bringt mich mit seinem überschwänglichen Drängen nur mehr auf Distanz. Da verlangt er gekränkt nach der Rechnung und bringt mich wieder zum Bahnhof. Im Auto zeigt er eine neue Seite und beginnt mich zu beschimpfen: dass ich in ihm Hoffnungen geweckt habe und ihn nun total enttäusche; dass er für heute Abend ein schönes Hotelzimmer in Salzburg reserviert hat und nun überhaupt keine Lust mehr habe, mich auf diese erste gemeinsame Nacht einzuladen; dass ich wohl zu sehr an allem Vergänglichen hänge und uns so keine Chance gebe und mein großes Glück einfach wegwerfe; dass er mich auf Händen durchs Leben getragen hätte, mir finanzielle Sicherheit und Zuverlässigkeit geboten hätte, mich umsorgt und geliebt hätte – aber nein, ich würde gleich Nein sagen zu seinen ach so tollen Zukunftsplänen. Und ich spüre wieder einmal eine Schlaufe um meinen Hals, gegen die ich mich wehre, ehe sie fester zugezogen wird. Ich erwidere nicht mehr viel, er versteht nicht, was ich sage und wonach ich mich sehne. Er scheitert an seiner Erwartungshaltung an mich – tut mir leid, ich bin nicht bereit, auf seine Pläne einzusteigen.

Ich bedanke mich für die Einladung zum Mittagessen und bitte ihn, nicht zu erwarten, dass wir weiter in Kontakt bleiben.

Als der Zug Fahrt aufnimmt, lehne ich mich erleichtert in den Sitz zurück. Schade, wieder jemand, der mich gern als Partnerin gehabt hätte – aber leider eine Sehnsucht, die auf Einseitigkeit beruht. Ich bin froh, so unabhängig zu sein, dass ich diesem Werben nicht nachgeben muss. Und ich schüttle den Kopf, glauben Männer denn wirklich, dass der Preis für eine Einladung zum Essen gleich eine gemeinsame Nacht in einem Hotelzimmer ist? Andererseits, ab wie vielen Begegnungen darf eine Dame mit einem Mann intim werden? Gibt es da überhaupt Regeln? Im Knigge habe ich diesbezüglich nie eine Empfehlung gefunden. Ich denke, in Ausnahmefällen kann es wirklich passieren, dass man nach der ersten Begegnung im Bett landet. Da muss allerdings entweder die erotische Anziehung unglaublich sein oder ausreichend Alkohol die Hemmschwellen abgebaut haben. Aber im Alter von 50 plus geht man doch vorsichtiger zur

Sache, man denkt an Aids, daran, wie man am Morgen danach ungeschminkt dem mehr oder weniger Fremden ins Auge blicken muss und ob dies ein One-Night-Stand bleibt oder doch mehr daraus wird. Ich auf jeden Fall will erobert werden – ich bevorzuge den altmodischen Weg, Intimität setzt bei mir Vertrauen und Zuneigung voraus, und die muss langsam wachsen.

Urli
Rüschlikon

Liebe Ulla
Mit großem Interesse habe ich die Sendung „Liebesg'schichten und Heiratssachen" dieser Woche angeschaut und dabei eine sehr, sehr sympathische Frau gesehen, die mich sofort angesprochen hat – Du, liebe Ulla!
Gefallen hat mir insbesondere Deine natürliche Art. Du bist bodenständig, weltoffen und mutig. Deine Wünsche an einen Partner bzw. an eine Partnerschaft sprechen mich sehr an. Du wünschst Dir einen sportlichen, charmanten, intelligenten, verständnisvollen berufstätigen Mann an Deiner Seite, welcher mit Nähe und Distanz umzugehen weiß und der wie Du eine Beziehung auf Augenhöhe sucht.
Gefallen hat mir auch, wie Du Dich bewegst auf dem Tanzparkett: sinnlich, gefühlvoll schwebend und doch mit der nötigen Zielstrebigkeit. Es wäre schon immer ein Wunsch von mir gewesen, zusammen mit der Partnerin einen Tanzkurs zu besuchen, um anschließend das Gelernte immer wieder in einem schönen Lokal zu vertiefen und dabei die Musik, die Bewegung, die Harmonie gemeinsam zu genießen.
Gerne wäre ich dieser besondere Mann an Deiner Seite, der mit Dir den spannenden Tanz des Liebens und des Lebens gestaltet und wundervolle Wochenenden und immer wieder auch erholsame Ferien mit Dir verbringen kann.
Ich heiße Urli, bin 58 Jahre alt, NR, Single, gepflegt, genießerisch sportlich, schlank, romantisch, sinnlich, leidenschaftlich, liebevoll, zärtlich, vielseitig, kreativ, treu, humorvoll, schlagfertig und bestimmt noch einiges mehr. Beispielsweise respektvoll,

zuverlässig, pflichtbewusst und fleißig. Ich wohne in Rüschlikon am Zürichsee und arbeite als Heilpädagoge in Zürich. Auch wenn wir nicht gleich nebenan wohnen, könnte diese Art von Beziehung für uns beide spannend, herausfordernd und bereichernd sein. Wir sehen uns jedes Wochenende, in den Ferien und auch an Feiertagen. Die Zeit dazwischen können wir uns voll und ganz auf unsere Arbeit konzentrieren. Eine Liebe zwischen Nähe und Distanz – voller Vertrauen, Hingabe und Treue.
Nun weiß ich natürlich nicht, ob Dein Herz noch frei ist und ob Du Lust und Zeit hast, mich kennenzulernen. Bei einem feinen Nachtessen vielleicht? Gerne lade ich Dich dazu ein. Es würde mich sehr freuen.
Herzliche Grüße aus der Region Zürich
Urli

*

Lieber Urli,
ich war sehr überrascht, dass ich so lange nach der Ausstrahlung der Sendung noch ein Mail bekomme.
Vielen Dank, dass Du mir geschrieben hast. Wurde diese Sendung in der Schweiz erst sooo spät ausgestrahlt?
Ich war überwältigt von den vielen Anfragen. Leider haben sich nur wenige Männer aus meiner näheren Umgebung gemeldet – ich fände es viel leichter, jemanden kennenzulernen, der in der Nähe wohnt, und so langsam etwas aufzubauen.
Aber natürlich hast Du recht, auch eine Wochenendbeziehung hat ihren Reiz – aber unsere Wohnorte sind schon sehr weit entfernt. Wie soll man sich da langsam kennenlernen?
Aber Du hast so nett geschrieben, dass ich Dir einfach antworten muss.
Hast Du Lust, Dich vorerst einmal per Mail auszutauschen?

Verfügst Du über Skype? Dann könnten wir auch mal plaudern?
Ich habe den RICHTIGEN noch nicht gefunden. Ich habe vor kurzem einen Mann zufällig kennengelernt und mit dem treffe ich mich jetzt manchmal, aber ich weiß nicht, was daraus entstehen wird.
Ich verfüge über ein tolles Netzwerk an Freunden, mit denen ich viel unternehme – aber nachdem jetzt mein Sohn ausgezogen ist, hätte ich schon gern wieder einen Partner, zu dem ich gehöre und der mich trotzdem nicht einengt.
Erzähle mir doch einmal ein bisschen, was Du so in Deiner Freizeit unternimmst. Tanzen ist nur eines meiner vielen Hobbys. Ich habe einen lieben Tanzpartner, mit dem ich einmal pro Woche den Tanzkurs besuche, das macht sehr viel Spaß. Im Winter gehe ich gern Skilaufen und Langlaufen und ins Fitnessstudio. Im Sommer radle ich gern auf eine Alm oder auch mal durch die Schweiz, da habe ich schon tolle Wochentouren unternommen. Außerdem spiele ich in einem Laientheaterverein.
Meine einsamen Stunden habe ich mit viel Aktivität ausgefüllt.
Du schreibst, Du bist Heilpädagoge – was darf ich unter diesem Beruf verstehen? Diese Berufsbezeichnung gibt es bei uns nicht.
Freue mich, mehr von Dir zu erfahren.
Ggglg
Ulla aus Innsbruck

*

Liebe Ulla
Das ist aber eine Überraschung, eine große Überraschung! Ich hätte nie gedacht, dass ich eine Antwort erhalte … Und nun ist sie doch eingetroffen! Ich freue mich sehr darüber!
Die Sendung wurde am 21. November 2013 bei uns in der

Schweiz ausgestrahlt. Und weil ich die Sendung „Liebes-g'schichten und Heiratssachen" wegen ihrer Herzlichkeit und Natürlichkeit liebe, habe ich sie aufgezeichnet. Schon mehr als einmal habe ich den Teil mit „Ulla aus Innsbruck" wieder angeschaut und mich über Deine besondere Art einfach gefreut. Es gefällt mir, wie Du sprichst, wie Du Dich ausdrückst, wie Du Dich bewegst. Es gefällt mir Deine sympathische, natürliche, bescheidene Wesensart. Es gefällt mir, wie Du ausschaust, wie Du Dich kleidest oder wie Deine Wohnung eingerichtet ist – modisch, edel, modern! Eben habe ich Dich nochmals betrachtet in der Sendung …
Sehr gerne erzähle ich ein wenig mehr über mich.
Ich bin in St. Gallen aufgewachsen und habe aufgrund der geografischen Lage immer wieder mal meine Skiferien im Montafon oder auch in Ischgl verbracht. Skifahren liebe ich sehr!
Nach meiner Ausbildung als Grundschullehrer arbeitete ich 25 Jahre lang mit großem Einsatz und viel Herzblut in Kreuzlingen, einem schönen Ort am Bodensee.
Nach 25 Jahren Arbeit in der Schule hatte ich das große Bedürfnis, etwas ganz anderes anzupacken und bin dann in der Modebranche gelandet. Ein Jahr lang habe ich dann in Bern gearbeitet. Nach sieben intensiven Jahren im Modevertrieb übernahm ich spontan eine längere Stellvertretung als Schulischer Heilpädagoge (allerdings noch ohne die entsprechende Ausbildung). Ein Schulischer Heilpädagoge arbeitet vorwiegend mit Kindern und Jugendlichen mit besonderen Bedürfnissen, mit leichten Behinderungen und/oder mit auffälligem Verhalten und unterstützt die Klassenlehrpersonen auf diese Weise. Nach drei Jahren Arbeit mit diesen Jugendlichen verlangte der Arbeitgeber die Ausbildung. So entschloss ich mich, den dreijährigen Masterstudiengang an der Hochschule für Heilpädagogik in Zürich in Angriff zu nehmen. Gleichzeitig arbeitete ich noch

60 % an einer Oberstufe. Es war eine sehr intensive und lehrreiche Zeit, doch nach drei Jahren war ich dann SEHR FROH, den Abschluss in der Tasche zu haben. Das war vor ca. 1 Jahr. Ich war ein Student mit Altersentlastung … ;-)
Seit einem Jahr arbeite ich nun in Zürich an der Oberstufe und betreue Kinder und Jugendliche in insgesamt fünf Klassen. Vorher war ich sechs Jahre in gleicher Funktion an einer anderen Oberstufe tätig. Die Arbeit gefällt mir sehr. Sie ist abwechslungsreich und herausfordernd. Und ich kann meine Vielseitigkeit und Kreativität einbringen.
Mit dem Abschluss meiner Ausbildung bin ich nach Rüschlikon in eine großzügige und edle Wohnung umgezogen. Rüschlikon liegt am Zürichsee.
Als Jugendlicher war Kunstturnen meine große Leidenschaft. Bis zum 33. Lebensjahr war dieser Sport sozusagen „mein Lebensinhalt“, dem ich alles unterordnete. Diese Lebensschulung genoss ich sehr, weil Zielstrebigkeit, Gewissenhaftigkeit und Wille schon immer wichtige Tugenden von mir waren.
Seit 16 Jahren bin ich geschieden und habe keine eigenen Kinder. Meine damalige Ehefrau brachte aber zwei kleine Kinder mit in die Ehe. Es war eine sehr schöne Zeit, doch nach gut 7 Jahren stimmte es einfach nicht mehr zwischen uns. Es war, als ob wir uns nicht mehr auf der gleichen Ebene bewegten.
Ich kann sehr gut alleine leben. Es wird mir nie langweilig. Doch würde ich mir eine liebevolle, zärtliche, lustvolle, verlässliche, treue, gepflegte Partnerin an meiner Seite wünschen, mit der ich die schönen Dinge des Lebens genießen kann. Zweisamkeit zusammen genießen, Sportliches, Romantisches, Sinnliches, Kulinarisches, Kunst, Kultur usw.
Ach ja, ich war als Grundschüler mal der Josef beim Weihnachtsspiel. Und die Maria war zwei Köpfe größer als ich … Sonst spiele ich aber kein Theater mehr. Doch genieße ich Lust-

spiele und Theateraufführungen im Fernsehen oder auch real. Und bei einer Aufführung, in der Du mitspielst, wäre ich mit Freude dabei!
In meiner Freizeit bin ich gerne mit dem Rad unterwegs, allerdings ohne Stress! Ich fahre ein Stück weit und genieße dann die herrliche Aussicht auf den See und die Berge. Im Winter fahre ich leidenschaftlich gerne Ski. Einmal im Jahr verbringe ich immer (oder meistens) eine Woche Skiurlaub. Im Moment ist Obersaxen im Kanton Graubünden meine Destination, weil es ein großzügiges Skigebiet hat und die Pisten trotzdem fast leer sind.
Sehr gerne gehe ich auch hin und wieder schwimmen. Wellness über ein Wochenende wäre ebenfalls schön, allerdings lieber nicht alleine …
Ja, es ist eine gute Idee, sich auf Skype auszutauschen. Mein Name dort ist „hoppschwitz". Nun bin ich aber sehr gespannt auf eine Antwort von Dir. Ich freue mich darauf. Wir könnten uns ja um ca. 13.30 Uhr dort treffen. Oder auch am Abend, wenn Du das lieber magst. Was meinst Du?
Sehr gerne fahre ich nach Innsbruck und lade Dich zu einem feinen Nachtessen ein. Es würde mich freuen!
Herzliche Grüße vom Zürichsee, Reisezeit mit dem Auto weniger als drei Stunden, mit dem Zug dauert es etwas länger … Das wäre doch kein Hindernis, oder?
Urli

Endlich! Das scheint ja ein sehr sympathischer Mann zu sein. Urli heißt er also und sucht eine Wochenendbeziehung, das wäre mir auch sehr angenehm, denn unter der Woche habe ich sowieso immer so viel Programm. Ich bin schon gespannt, wie seine Stimme klingt. Er möchte mich zu einem Nachtessen einladen – ein netter Ausdruck – bei uns heißt das Abendessen, aber da ich ja schon öfter in der Schweiz geradelt bin, weiß ich, dass sie für vieles etwas andere Ausdrücke verwenden als wir. Er schickt mir auch gleich mehrere Fotos – das finde ich sehr angenehm, so kann ich mir gleich auch ein Bild von ihm machen. Das erste zeigt wohl sein Wohnzimmer. Ich sehe eine weiß geschwungene Ledersitzgarnitur mit vielen großen lila Polstern, auf einem Kurvensitzelement fein säuberlich zusammengelegt eine orange Wolldecke, weißer Fliesenboden, duftige Stores, alles sehr penibel aufgeräumt – ein rieisiger Flatscrean steht an der einen Wand. Ein Foto wie aus der Zeitschrift „Schöner Wohnen", aber das Zimmer hat eine sehr kühle Atmosphäre. Dann ein Foto mit einer wunderschönen roten Rose – die übereicht er mir hiermit wohl symbolisch – sehr galant. Und dann zwei Fotos von ihm – tja, was soll ich dazu sagen? Fotos können, wie wir wissen, schmeicheln oder auch nicht. Es schaut mir ein weißhaariger Mann mit hoher Stirn, braunen Augen, Brille und sehr schmalen Lippen, die zu einem Smiley nach oben gezogen sind, entgegen. Das zweite Foto zeigt ihn von der Seite, mit einem weißen Sakko mit dünnen schwarzen Streifen, einem schwarzen Kragen und einer orangen Krawatte – er sieht aus wie aus einem Mafiafilm: Al Capone wartet auf seine Informanten. Aber er wirkt gepflegt, mit Ausnahme des nächsten Fotos, auf dem er einen Dreitagebart zur Schau stellt und ein fürchterlich farbenfrohes Karohemd mit rotem Unterziehshirt trägt. Auf jeden Fall hat er Mut zur Farbe, sowohl beim Einrichten als auch beim Anziehen.

Am Abend wähle ich voller Spannung seine Nummer und wir telefonieren ausführlich. Er ist witzig, hat Humor und wir lachen viel. Und er ist sofort Feuer und Flamme und möchte mich gleich am nächsten Wochenende treffen. Er versteht, dass ich ihm bei der Hotelsuche behilflich bin, ihn nicht gleich zu mir zum Übernachten einlade. Ich kann mir nicht vorstellen, einen Wildfremden in meinen eigenen vier Wänden für ein erstes Wochenende als Übernachtungsgast zu empfangen. Immerhin weiß ich ja nicht, wer sich hinter der Korrespondenz wirklich versteckt. Ich finde auch, dass sich das für eine anständige Frau nicht schickt. Erst schau ich mir den Herrn mal persönlich an.

Wir vereinbaren, vor seiner Ankunft nochmals zu skypen. Er erzählt mir seinen Tagesablauf und dass er seine Wochenenden meistens allein verbringt, so wie überhaupt seine freie Zeit. Er hat keinen Freundeskreis, keine Sportkollegen. Interessant, ein Mann, der am Telefon so kommunikativ klingt, hat kein Umfeld, das diese Zeit mit ihm teilt. Warum? Wir plaudern über dies und über das und er fragt mich zum Schluss: Ulla, wie groß bist du eigentlich. 1,66, lautet meine Antwort und er freut sich – er auch. Meine Kinnlade senkt sich etwas – er ist 1,66. Oje!!!!! – Mein Männerideal ist humorvoll, intelligent und vor allem *groß*. Ich weiß nicht, warum ich mich immer in ziemlich große Männer verliebt habe, vielleicht, weil die auf mich einfach männlich wirken, ich mich in den Armen eines größeren Mannes geborgen fühle. Soll ich meinem Urli aus der Schweiz nun wegen fehlender Zentimeter gleich absagen? Nein, das ist wohl zu oberflächlich. Ich bin auch keine perfekte Schönheit und er ist hocherfreut, mich zu treffen, und würde sich eine Liebesbeziehung mit mir, dieser optisch überhaupt nicht perfekten Frau, wünschen. Was bedeutet schon die Körpergröße – man kann den Wert eines Menschen sicher nicht daran messen. Gib ihm eine Chance, sagt mein Innerstes, und schau dir diesen Mann vorurteilsfrei an. Am Telefon klingt er sehr nett – was nützt dir ein oberflächlicher großer Mann, da ist ein kleinerer Kavalier mit Umgangsformen doch viel wertvoller. Aber meine Vorfreude auf eine Begegnung mit Urli ist doch geschmälert – ich hab am Wochenende „Zwergerletreffen“, sag ich zu meiner Freundin, und sie versteht meinen Vorbehalt – auch sie bestätigt mir, dass sie Männer, die eine entsprechende Körpergröße aufweisen, anziehender findet als kleinere. Zumindest bin ich mit diesem vorgefertigten Bild nicht allein.

Das Wochenende naht und ich sehe ihm mit gemischten Gefühlen entgegen. Da sind auf der einen Seite Abenteuerlust und Hoffnung, und auf der anderen Angst vor einer Enttäuschung. Aber ich beschließe, dass ich den Einsatz und Mut meines Bewerbers in den Vordergrund stelle und ihm einen herzlichen Empfang bereiten werde – was auch immer dann daraus entstehen wird.

Ich hole ihn gegen 18:00 Uhr vor seinem Hotel ab. Der Tisch in einem sehr gemütlichen, bürgerlichen Lokal ist bereits reserviert. Ich fahre beim Hotel vor und bin gespannt, ob ich ihn gleich erkennen werde. Da steht er, unverkennbar der Mann vom Foto aus dem E-Mail-Verkehr. Er steigt ein und gibt mir zur Begrüßung die obligatorischen drei schweizerischen Freundschaftsküsschen links, recht, links auf meine Wange. Er drückt mir eine Geschenktüte in die Hand – „ein kleiner Gruß aus der Schweiz“. Ich werfe einen Blick in mein Präsent und zähle – ja, das sind 15 Tafeln Lindt-Schokolade und als Krönung eine kleine, grüne Bonbonschachtel in Form eines Herzens, auf dem Deckel glänzt die Abbildung eines Froschkönigs. Wie aufmerksam, wie großzügig – noch nie hat mir ein Mann ein Präsent mit 12.298 kcal geschenkt! Aufmerksam oder übertrieben? Ich entscheide mich für sehr aufmerksam – ich liebe nämlich Lindt-Schokolade.

Er riecht gut nach einem teuren Parfüm, er hat sich für mich wohl seinen Lieblingsduft aufgesprüht und in Schale geworfen. Ich übrigens auch. Im Restaurant hilft er mir höflich aus dem Mantel und lobt meine Wahl, diese Stube findet bei ihm Anklang, das soll unser Stammlokal werden. Langsam, langsam, denke ich mir – erst lernen wir uns mal kennen. Wir speisen vorzüglich und die Unterhaltung verläuft fröhlich und unverkrampft. Er erzählt gern. Von seinen zwei Ehen, der ersten, in der er es mit der Treue nicht so ernst genommen hat, und der zweiten, die nach sieben Jahren geendet hat, weil sie sich unterschiedlich entwickelt hatten. Er schwärmt von seiner schönen 150-Quadratmeter-Wohnung am See und berichtet, ohne dass ich ihn frage, wie viel er verdient – auf den Franken genau. Mir würde nie einfallen, einem Fremden bei der ersten Begegnung gleich mein Gehalt auf den Tisch zu legen. Wahrscheinlich kämen ihm, dem Schweizer, dabei auch gleich die Tränen. Aber er ist da ganz offen. Ich sehe ihn mir an, wie er so dasitzt mit seinem Nadelstreifsakko, dem weißem Hemd und einer Krawatte – einer Krawatte, wie ich sie noch nie zuvor gesehen habe: ein Einzelstück, wohl sein Lieblingsstück, eine lila Batikkrawatte mit einem riesengroßen Edelweiß gleich unter dem Krawattenknopf. Den ganzen Abend streift mein Blick immer wieder über dieses modische Accessoire, es ist – einzigartig. Er erzählt mir, dass es ein Geschenk einer Schülerin sei und sie ihm seinerzeit eine große Freude damit gemacht hat. Gut, selbstgebastelte Geschenke sind nett – aber nicht immer kleidsam. Das nur so am Rande. Er ist wirklich witzig, kann gut kontern und der Abend vergeht schnell. Ich hänge mich auf dem Weg zum Auto bei ihm ein, um herzlich zu sein und auch um zu fühlen, was ich dabei empfinde. Ich spüre in mich hinein – da ist nichts, absolut nichts.

Yeli·14

Ich beschließe, erst einmal den morgigen Skitag abzuwarten. Urli ist ja unterhaltsam, vielleicht gewinnt er auf der Skipiste und beim Aprè-Ski schließlich mein Herz. Noch am Abend schickt er mir ein SMS und bedankt sich für den wunderschönen Abend.

Beim Skianzug beweist er weit mehr Geschmack als bei der Krawattenwahl. Ganz in Weiß wedelt er vor mir über die Piste. Er ist ein exzellenter Skifahrer, man erkennt gleich den Vollblutsportler, den Leistungsturner, der weiß, wie man sich bewegt. Wir verbringen einen angenehmen Vormittag, aber ich denke schon die ganze Zeit – was mache ich mit ihm am Nachmittag? Er hat ja nur eine Vormittagskarte gekauft und mittags setzt starker Schneefall ein und wir verlassen das Skigebiet.

Ich habe kein Bedürfnis, ihn mit zu mir nach Hause zu nehmen. Und ich habe noch weniger das Verlangen, ihn zu bitten, noch einen weiteren Tag in Innsbruck zu bleiben. Je länger ich mit ihm zusammen bin, umso mehr freue ich mich auf einen Rückzug. Auch am heutigen Tag springt kein Funke über. Er wirkt im weißen Skianzug so – zerbrechlich, sehr zart. Urli ist höflich, aufmerksam, macht Komplimente, plant bereits, wie wir zukünftig gemeinsame Wochenenden verbringen könnten, aber ich empfinde nur einen Wunsch – Flucht. Er versetzt mich in Erstaunen, denn er hat auf seinem Handy unzählige Fotos von mir, alle vom Fernseher abfotografiert. Und er kennt jedes Wort, das ich im Interview von mir gegeben habe. Er gesteht mir, dass er die Sendung aufgezeichnet und sich unzählige Male angesehen hat. Er kann alle meine Sätze auswendig, ich könnte das Gesagte nicht so wortgenau wiedergeben wie er, ich habe ja spontan geantwortet und mein Interview nicht auswendig gelernt. Ich fühle mich von so viel Zuwendung fast erdrückt.

Ich zeige ihm noch das moderne Wahrzeichen der Stadt Innsbruck, die Bergiselschanze, und bin heilfroh, als er sich von mir verabschiedet und ich den Rest des Tages so gestalten kann, wie ich will – allein zu Hause.

Ich höre in mich hinein – da ist nur Stille und das Grummeln meines Magens: Ich habe Hunger. Aber da sind keine Schmetterlinge, keine Sehnsucht, ihn wieder zu treffen – nein, da ist Abwehr, denn er würde ja nichts lieber als gleich das nächste Wochenende, von Freitag bis Sonntag, mit mir verbringen. Am Abend meldet er sich gleich zweimal mit SMS, wie wundervoll unsere gemeinsamen Stunden gewesen seien, welch wundervolles Wochenende er mit mir verbracht habe. Wir waren einmal Essen und einmal Skifahren, wirklich nicht mehr, kein Kuss – nichts – und er gerät dabei schon so ins Schwärmen?

Am Montag komme ich nach der Arbeit nach Hause und finde vor meiner Wohnungstür eine Überraschung – ein riesengroßer Blumenstrauß, mit wunderbar duftenden Rosen, von Urli, per Fleurop zugestellt, und einige liebe Worte:

Ich muss immer an Dich denken – Urli

Wie aufmerksam – mir hat noch nie ein Mann Blumen nach Hause geschickt – nur, es ist leider der falsche! Das hat nichts mit seiner Körpergröße zu tun, er ist ein wirklich niveauvoller, humorvoller Gentleman – aber ich habe mich nicht in ihn verliebt. Und so setze ich mich an den Computer und schreibe ihm, dass er in mich nicht Geld und Hoffnungen investieren soll, die ich dann nicht erfüllen kann.

Einige Tage antgwortet er gar nicht. Dann schickt er mir ein Mail:

Guten Morgen liebste Ulla,
vielen Dank für Deine Ehrlichkeit. Als ich nach unserem Tref-

fen nach Hause fuhr, spürte ich ganz viele Schmetterlinge. Und am Tag danach noch viele mehr. Ich hätte es mir so gut vorstellen können mit uns beiden. So war ich dann doch sehr traurig nach Deiner Absage. Nicht gekränkt. Aber sehr traurig. Und ich habe mich natürlich gefragt, weshalb es ein „Ja, aber" gab und nicht ein JA. Das kannst Du sicher verstehen, oder nicht? Doch bin ich realistisch genug zu wissen, dass es immer ZWEI JA braucht. Mein Kopf weiß es und mein Herz wird es irgendwann auch wissen.
Liebe Grüße und eine herzliche Umarmung – Urli

Der Arme. Er hat sich in mich verliebt – schade, dass ich so gar nichts für ihn empfand. Es wäre schön gewesen, aber man kann Liebe nicht erzwingen.

Seine Rosen riechen noch immer gut und ich bin gerührt und verlegen, dass ich jemand traurig gemacht habe.

Aber ich war ja ehrlich zu ihm. Wäre ich berechnend – er wäre wohl der Typ von Mann, der sich von einer Frau ausnehmen lässt. Aber darauf habe ich es nicht abgesehen, ich brauche keinen Big Spender, ich bin auf der Suche nach einem Lebensmenschen, und Urli wird diesen Platz wohl nie einnehmen. Ich habe mich leider nicht verliebt.

Es vergehen Wochen, es wird Februar und an meinem Geburtstag sehe ich alle Glückwunschmails durch. Und ich staune – eines weist den Absender von Urli auf.

Liebe Ulla,
ich wünsche Dir von Herzen alles erdenklich Gute zu Deinem Geburtstag. Du hast auf mich einen unvergesslichen Eindruck gemacht. Ich wünsche Dir von Herzen, dass Du dem Mann begegnest, der Dich glücklich machen kann – Du hast es Dir verdient!

Ich bedaure noch immer, dass nicht ich mit Dir gemeinsame Zukunftspläne schmieden darf.
Im Anhang schicke ich Dir ein persönliches Horoskop, das Dir auch zeigt, welche Sternzeichen gut zu Dir passen würden. Lies es aufmerksam, vielleicht gibst Du uns doch noch die Chance für ein zweites Treffen. Ein Anruf genügt, ich komme auch ins Haus.
Manchmal, da träume ich von Dir
Es umarmt Dich herzlich
Urli

Ich glaube nicht an Horoskope, aber natürlich lese ich es aufmerksam. Ich finde es reizend, dass er sich meinen Geburtstag gemerkt hat. Ich kann mich nicht erinnern, dass ich das Datum einmal erwähnt habe. Ich wüsste seinen nicht. Und ich frage mich, warum man sich nicht auf Kommando verlieben kann. Warum man nicht im Hirn einen Schalter umlegen kann, oder auch in der Seele, im Herzen, und – bing! – das Gefühlt fließt auf Knopfdruck.

Würde sich meine Einstellung zu Urli ändern, wenn ich öfter was mit ihm unternähme? Ich werde es nicht erfahren, seine Aufmerksamkeiten, seine Zuwendung engen mich ein – ich erinnere mich an unsere Gespräche und empfinde wieder nur ein herausragendes Gefühl: *Flucht* – ich muss seiner Umklammerung entkommen.

Und so bedanke ich mich höflich für das Horoskop, ein weiteres Treffen rege ich nicht an.

Und das vorläufige Ende der Geschichte …

März 2014. Acht Monate sind vergangen, seit ich meinen großen Auftritt hatte. Vor mir liegt ein dicker Ordner, über 120 Mails und persönliche Schreiben habe ich erhalten. Bedenkt man, wie viele Menschen den Beitrag gesehen haben, ist das nur ein sehr kleiner Prozentsatz, aber immerhin, mehr als 100 Männer haben sich von mir angesprochen gefühlt und hätten mich gern näher kennengelernt, um vielleicht sogar eine gemeinsame Zukunft zu planen. Alphabetisch geordnet, fein säuberlich gelocht, liegen vor mir viele einsame Herzen, Männer mit ihren Schicksalen, Sehnsüchten und Hoffnungen.

Es ist Sonntag – und doch sitze ich wieder allein zu Hause.

Die erste Flut an Zuschriften erreichte mich in den ersten drei Wochen nach der Sendung, dann folgten nur mehr einzelne Briefe, die mir die Redaktion nachsandte. Ein letzter Schwung folgte zum Jahresende, als mein Interview auf 3sat wiederholt wurde. Ich habe alle Schreiben gelesen, manche nette Briefe auch mehrmals. Ich habe mir jedes Foto angesehen und auf mich wirken lassen und manche der Kandidaten auch persönlich getroffen. Die vielen Komplimente haben mir gutgetan, welche Frau hört nicht gern, dass sie gefällt, dass man sie begehrt, sie verehrt, sie attraktiv findet.

Beim Schreiben dieses Buches durchforste ich nochmals die Mails im Computer und entdecke mit Entsetzen, dass in meinem Spamordner noch Bewerbungen ungelesen gespeichert sind. Ich wäre nie auf die Idee gekommen, dass mein mir unverständliches Computersystem harmlose Bewerbungen in den Spamordner filtert. So hefte ich fünf Kandidaten erst verspätet in meinem Ordner ab. Aber ich bin erleichtert, dass es Mails sind, die ich auch zu einem früheren Zeitpunkt als uninteressant eingestuft hätte. Und zurzeit habe ich überhaupt keine Lust mehr auf irgendwelche Treffen mit fremden Männern, die mir dann ihre ganz persönliche Lebensgeschichte erzählen. Das wiederholte Lesen der vielen Bewerbungen, die Vorselektion, das Beantworten zahlreicher Anfragen war kein reines Vergnügen, ich empfand es als verantwortungsvolle Arbeit, mir und den Kandidaten gegenüber. Viele beneideten mich um diese spannende Zeit, ohne darüber nachzudenken, dass Hoffnungen und Enttäuschungen oft Hand in Hand gehen. Ich fühlte mich auch sehr oft überfordert, welchen der Bewerber ich persönlich treffen sollte und welchen nicht.

Für einige wenige Wochen war ich „berühmt" und erlebte, wie neugierig die Mitmenschen auf mein „Outing" reagierten. Trat ich beim Tanken an die Kassa, grinste der Tankwart von einem Ohr zum anderen und meinte: „Ich habe Sie in der Sendung gesehen!" Holte ich mir beim Arzt ein Rezept ab, strahlte die Sprechstundenhilfe und sagte: „Ich habe gleich meine Schwester angerufen und schon bei der Vorschau gesagt, stell dir vor, die eine Kandidatin aus Innsbruck, die kenne ich – wir müssen die Sendung diesmal unbedingt gemeinsam ansehen." Und im Fitnessstudio klopften mir Kolleginnen auf die Schulter und gratulierten mir zu meinem tänzerischen Können.

Wie leicht doch Menschen zu beeindrucken sind – mit einem italienischen Tanzlehrer als Partner würde jede Frau eine tolle Tanzperformance hinbekommen. Aber nein, mit meinem Tanzstil war ich schon zufrieden, ich tanze ja auch leidenschaftlich gern, das kam mir in der kurzen Filmszene natürlich zugute.

Wenn ich beim Lebensmittelhändler die Rechnung bezahlte, traf mich ein wohlwollendes Lächeln – auch die Kassierin war meine Verbündete, hatte die Sendung gesehen. Im Modegeschäft, beim Friseur, in der Kleiderreinigung, beim Masseur – überall begegnete ich diesen wissenden Augen, die auch ohne viele Worte zum Ausdruck bringen wollten, wir waren dabei, wir sind deine Zeugen, und wir verstehen, dass du auf der Suche nach einem Mann bist.

Viele konnten die Neugierde nicht zurückhalten und überfielen mich mit Fragen – ob ich denn schon fündig geworden sei, ob es jetzt einen neuen Mann in meinem Leben gebe. Und viele hätten nur zu gerne gehört, was mir denn alles wiederfahren sei und vor allem auch, wie viele Männer ich denn nun schon getroffen habe. Einige wenige wollten unbedingt wissen, mit wie vielen ich dann auch im Bett war. Ich fand es witzig, dass besonders befreundete Männer meine Bewerbung mit Argwohn sahen, sie hatten richtig Angst um meinen Ruf und mein seelisches Gleichgewicht. Sie warnten mich vor Heiratsschwindlern und Herzensbrechern und rieten mir, nicht gleich mit jedem ins Bett zu gehen, ihn vorher einer genauen Prüfung zu unterziehen. Wenn sie schon nie bei mir landen konnten, dann sollte das auch keinem der Kandidaten so einfach gelingen. Sexuelle Freuden, die ihnen untersagt blieben, gönnten sie jetzt auch keinem Nebenbuhler.

Und dann gab es auch Frauen, die mich um die vielen amourösen Abenteuer beneideten und wilde Fantasien spannen, wann, wo und mit wie vielen ich wohl im Bett gelandet sei. Und wenn ich nur verheißungsvoll schmunzelte und schwieg, trieb ich sie fast an den Abgrund der Eifersucht auf meinen Mut, in der Sendung aufzutreten und jetzt so viele Männer vernaschen zu können. Dabei übersahen sie ganz, dass ich viel lieber Schwedenbomben und Schokoladerippen genieße als unzählige Sexabenteuer, die ja nichts mit Liebe zu tun haben. Sie gaben mir auch ungefragt gute Ratschläge, dass man sich heutzutage unbedingt einen Jüngeren suchen sollte, denn die Männer greifen ja auch gern zu blutjungen Frauen und das stünde uns doch auch zu. Außerdem seien jüngere Männer ein wahrer Jungbrunnen gegen Wechselbeschwerden, man müsse nur einmal beim Friseur einen Blick in die einschlägigen Frauenmagazine werfen. Viele Filmschauspielerinnen blühen an der Seite ihres jungen Lovers so richtig auf. Wobei niemand sagen kann, ob dahinter nicht auch Botox, Fotoshop oder ein ausgezeichneter Stylist und Fotograf stehen.

Ich bemerkte auch jene, die zu tuscheln begannen, wenn ich einen Raum betrat, und nette oder auch weniger nette Bemerkungen über mich austauschten. Die ersten wissenden und fragenden Blicke empfand ich eher als unangenehm, es irritierte mich doch ein wenig, dass nun die ganze Stadt Bescheid wusste, dass ich gern wieder einen Partner hätte. Aber schließlich ist das keine Schande, dachte ich mir dann, und ging mit erhobenem Haupt durch die Straßen. Unzählige Male passierte es, dass mich jemand auf meine Lebenssituation ansprach. Viele verstanden nicht, warum eine Frau wie ich ohne Partner durchs Leben gehen müsse. Und einige hatten auch keine Scheu, mich mit einem kleinen Vorwurf zu konfrontieren: „Es muss wohl auch an dir liegen, dass du in all den Jahren keinen Freund gefunden hast. Wahrscheinlich hast du einfach viel zu hohe Ansprüche an einen Partner. Sei nicht so wählerisch, nimm dir ein Beispiel an anderen Frauen, die sind viel genügsamer und finden dann auch wieder einen Mann fürs Leben.“ Sogar gute Freundinnen sparten nicht mit Rat und Kritik: „Du hast dich in der Sendung viel zu selbstbewusst gezeigt, das schreckt viele Männer ab. Männer wollen schwache Frauen, vor starken Frauen haben sie Angst."

Andere klopften mir wohlwollend auf die Schulter und meinten: „Gut hast du das gemacht." Ja, diesen Satz bekam ich besonders oft zu hören. Aber was hatte ich gut gemacht? Dass ich ohne viele Äähs und Aahs und ohne Stottern ein Interview gegeben hatte? Oder meinten sie einfach, dass ich authentisch gewirkt habe, so wie eine ganz normale Frau, die sich an das Alleinsein gewöhnt hat, mit sich etwas anzufangen weiß und manchmal trotzdem eine starke Schulter herbeiwünscht? Ich habe kein Frauenbild vorgespielt, ich war natürlich und mit der nötigen Portion Humor, die mir in die Wiege gelegt wurde, und die es mir möglich macht, mich und alles um mich herum nicht immer ganz todernst zu nehmen. Es tut gut, auch über sich selbst lachen zu können. „Und bevor ich nun ganz verblühe, komme ich zu Ihnen in die Sendung" – diesen Satz hatte ich frech in die Kamera gesprochen und sicher viele Zuseher zu einem Lächeln verleitet. Das war ehrlich gemeint, mit einem Schuss Selbstironie.

Ich blättere durch die vielen Bewerbungen in meinem Ordner. Warum hat sich aus all diesen Anfragen keine Beziehung ergeben? Liegt es tatsächlich an mir? Stehe ich mir und einer neuen Partnerschaft im Weg?

Seit 18 Jahren bestreite ich allein meinen Alltag, meine Wochenenden. Die ersten Sonntage nach dem Tod meines Mannes waren grauenvoll. Sonn- und Feiertage sind aber vielen Singles ein Graus. Geht man zum Beispiel am Sonntag in die Berge wandern, so begegnet man unzähligen glücklichen Pärchen. An den lauen Abenden in der Stadt sieht man nichts als händchenhaltende Menschen, die an schmucken

Tischchen in Gastgärten ihre Zweisamkeit genießen. In den Hotels sitzen am Abend nur zufriedene Männer mit ihrer Liebsten bei Kerzenlicht am Tisch und werfen sich glückliche Blicke zu. Zumindest scheint es uns Alleinstehenden so. Dabei, schaut man genauer hin, ist diese traute Zweisamkeit nicht immer so harmonisch, wie sie dem Einsamen auf den ersten Blick erscheint. Und ich habe auch schon Paare beim Essen beobachtet, die schwiegen, stundenlang, sich einfach nichts mehr zu sagen hatten.

In den vielen Jahren als Single habe ich gelernt, meine Freizeit sinnvoll zu nutzen. Ich habe in meinem Fahrrad einen guten Freund entdeckt, mit dem ich durch die Natur radle. Beim Wandern hatte ich immer das Gefühl, alle blicken mir mitleidsvoll nach und denken, die Arme, die wandert da ganz allein vor sich hin. Mit dem Fahrrad habe ich ein gutes Gefühl, da wirke ich sportlich, dynamisch und man bewundert mich und die Leute denken, diese Frau betreibt Sport – und nicht, ach, die Arme hat keinen Mann.

Und ich habe mir in all den Jahren ein wichtiges Netzwerk an Freunden aufgebaut. Meine Hobbys sind vielseitig und mein Freundeskreis ist es auch, und da ich stets Ideen für Unternehmungen aushecke, wächst mein Umfeld und ich muss sogar öfters Neuzugänge zurückweisen, ich habe keinen Platz mehr für einen noch größeren Bekanntenkreis, für gemeinsame Unternehmungen. Ich habe meine Woche vollgefüllt mit Aktivitäten und Arbeit. So fliehe ich vor den Stunden, die ich allein zu Hause verbringen müsste. Nur selten nehme ich mir Zeit und genieße es „zu wohnen", ein schönes Buch zu lesen oder einfach dazusitzen und nachzudenken.

Es gibt die Momente, in denen ich mit mir und meinem Leben im Reinen bin. Da sitze ich dann und lasse die letzten Jahrzehnte vorüberziehen. Ich hatte eine glückliche Kindheit, eine Hochzeit in Weiß und bekam das ersehnte Wunschkind. Ich bin meiner Berufung – Theater zu spielen – gefolgt und in unzählige Rollen geschlüpft, habe mit meinem Spiel viele Menschen im Publikum zum Lachen gebracht – ein besonders erfüllendes Gefühl. Und ich übe einen Beruf aus, der mir schon viele interessante Begegnungen mit Kunden und Geschäftspartnern ermöglicht hat. Wenn mir heute jemand in meinem Umfeld seine Aufmerksamkeit schenkt, dann nicht, weil ich die Frau von Herrn Sowieso bin, sondern die Person, zu der ich mich entwickelt habe. Ich erinnere mich an Jahre in meiner kleinen Wohnung, in denen ich zum Monatsende nicht wusste, wie ich mir noch Lebensmittel leisten sollte. Mein Anfangsgehalt war sehr bescheiden, und meine Lebensverhältnisse auch. Und jetzt quillt mein Kleiderschrank über mit Hosen und Röcken in zumindest zwei verschiedenen Größen – die Hoffnung, doch irgendwann wieder einige Kilo zu verlieren, stirbt bekanntlich zuletzt, und die schönen Dinge haben ja so viel gekostet. Also hängen sie weiter vor sich hin und hoffen auf ihren Einsatz – irgendwann, wenn es meine Waage wieder erlaubt. Ja, ich habe es zu Wohlstand gebracht. Meine Wohnung ist großzügig und geschmackvoll, meine Stauräume sind aufgefüllt mit wichtigen und weniger wichtigen Dingen. Ich brauch keinen Mann, der mich finanziell unterstützt und mir etwas bietet, alles, was ich an materiellen Dingen benötige, kann ich mir selbst leisten. Ich bin eine unabhängige Frau geworden, die aber auch manchmal verwöhnt werden will, ein wenig Schwäche zeigen dürfen möchte.

Meine persönliche Speicherplatte ist voll schöner Erinnerungen an glückliche Momente. Und diese glücklichen

Momente waren nicht immer nur gepaart mit einem männlichen Lebenspartner. Da ist das einzigartige Schauspiel auf der Bühne, dem man sich nicht entziehen kann, die wunderschöne Musik, die in einem Konzert den Himmel zu öffnen scheint. Dann wiederum steht man auf einem Berggipfel und schaut über Bergketten hinweg ins Tal und alle Sorgen der Menschheit erscheinen so unglaublich klein und unbedeutend. Es sind diese unglaublich vielen, kleinen Glücksmomente, die man aufsaugt, viele davon auch wieder vergisst und nur einige wenige ein Leben lang in Erinnerung behält.

Dann gibt es aber auch die Stunden, in denen ich viele Fragen ans Leben stelle, die mir keiner beantworten kann. Warum zum Beispiel leben heute viele Menschen als Single, obwohl sich eigentlich nur wenige bewusst für diese Lebensform entschieden haben? Ich kenne unzählige tolle Frauen – Frauen zwischen 40 und 70 –, die gern einen Lebenspartner hätten, aber keinen finden. Nur wenige leben wirklich gern allein und schimpfen nur mehr beim Thema „Männer" und wollen wirklich keinen Kontakt zum sogenannten starken Geschlecht. Aber die meisten, die ehrlich zu ihren Bedürfnissen stehen, sehnen sich nach einem Gegenpol im Leben, nach Partnerschaft, Leidenschaft und Zärtlichkeit. Und wenn ich meinen Ordner durchblättere, dann trösten mich die Schriftstücke darin, dass es auch unzählige Männer gibt, die in ihrer Lebensmitte nochmals die tiefe Sehnsucht empfinden, Gefühle in eine Beziehung zu investieren. Was läuft in unserer Gesellschaft also falsch, dass sich diese Gruppen männlicher und weiblicher Singles nicht mehr finden? Und warum lebe ich nun schon so lange allein, obwohl ich mich immer wieder nach einem Partner sehne?

Auf meinen Fernreisen in Indien, Usbekistan und Vietnam bin ich voller Interesse jungen Menschen begegnet, die mir stolz erzählten, dass ihre Eltern den Partner fürs Leben auswählen. Sie schien das nicht zu stören, so war es seit Generationen und so ist es heute noch. Die Eltern wissen, was für einen am besten ist, sie suchen für die Tochter einen Mann, der sie und ihre Kinder gut ernähren kann und der aus einer anständigen und angesehenen Familie stammt. Und für den Sohn wird eine Tochter gewählt, die gesunde Kinder zur Welt bringen soll und auf die Alten schauen und so die überkommenen Traditionen fortsetzen wird. Vor vielen Jahren wurden auch bei uns die Ehen so geschlossen, vor allem Adelige waren stets darauf bedacht, ihre Kinder gut, das heißt standesgemäß zu verheiraten. Aber bei uns in Mitteleuropa gibt es nun schon seit vielen Jahrzehnten die Liebesheirat, wer als Paar zusammenfindet, verliebt sich erst einmal ineinander. In der Jungend trifft einen die Liebe wie ein Blitz und schaltet oftmals den Verstand ganz aus. Die körperliche Anziehung ist so ausgeprägt, dass der Trennungsschmerz schon nach wenigen Tagen unerträglich erscheint.

Aber wie ist das dann in späteren Jahren, wenn man schon die eine oder andere Beziehung hinter sich hat, wenn man am eigenen Leib erfahren hat, dass das Zusammenleben zwischen Mann und Frau nicht nur in Harmonie verläuft? Wenn man sich in jungen Jahren kennenlernt, springt man ohne Wenn und Aber in eine Lebensgemeinschaft. Die Welt steht einem offen, die Liebe, so glaubt man, wird alle Probleme meistern. Und dennoch wird laut Statistik fast jede zweite Ehe geschieden. Wohin ist die Liebe dann entschwunden, warum scheitern so viele am Alltag? In der Jugend hat man so unglaublich viel Potenzial, sich gemeinsam zu entwickeln, voller Euphorie stürzt man sich in gemeinsame Pläne, gründet eine Familie, schafft sich ein schönes Zuhause und hat eine rosarote Zukunft vor sich. Auch wenn man scheitert, am Beginn steht die unermessliche Freude am Wir.

Haben wir alle zu viele Liebesfilme gesehen, in denen uns Märchenprinzen gezeigt werden, die sich im wirklichen Leben dann nicht finden? Oder nimmt unsere Gesellschaft ganz einfach eine andere Entwicklung, in der die persönliche Freiheit so im Vordergrund steht, dass eine Ehe, eine Partnerschaft, wie wir sie bisher gekannt haben, keinen Platz mehr findet?

Ich lebe jetzt 18 Jahre allein, ich bin eine sehr selbständige Frau. Ich habe gelernt, meine Glühbirnen selbst zu wechseln, meine Bankgeschäfte eigenständig abzuschließen und mein Fahrrad aufzupumpen. Aber die Sehnsucht nach einem Lebensmenschen überfällt mich immer wieder und ich kann mich dagegen auch nicht wehren. Gleichzeitig empfinde ich dann auch Angst, große Angst, meine Eigenständigkeit aufzugeben, mich jemandem gänzlich unterzuordnen und meinen Lebensrhythmus komplett auf den Kopf zu stellen. Ich kann mir einfach nicht mehr vorstellen, 24 Stunden am Tag mit einem Menschen zu verbringen, tagein, tagaus. Welches Gefühl überwiegt nun in mir, die Sehnsucht nach Liebe, Zärtlichkeit und Leidenschaft, nach Gemeinsamkeit, oder die Freude an der Freiheit?

Liegt es genau an diesem inneren Widerspruch, dass ich aus der Vielzahl der Bewerber keinen Mann auserkoren habe?

Nein – es liegt vor allem daran, dass kein Funkenflug stattgefunden hat.

Ich bin ein Gefühlsmensch, zähle also keinesfalls zu jenen Personen, die eine Beziehung auf Vernunft aufbauen können. Ich habe mich in einen Mann immer gleich verliebt oder gar nicht. Alle Männer, denen ich mein Herz geöffnet habe, haben mich gleich bei der ersten Begegnung in ihren Bann gezogen. Es war vielleicht nicht sofort Liebe – aber ungemein starke Anziehung, die Chemie zwischen uns hat einfach gestimmt.

Ich kenne Frauen, die mir erzählt haben, wie aus einer tollen Kameradschaft erst nach vielen Monaten Liebe gewachsen ist. Das ist mir persönlich noch nie passiert. Ich bin viel zu temperamentvoll und impulsiv – entweder schlägt bei mir der Blitz ein oder er bleibt aus. Und ich glaube einfach, dass auch in unserem Alter eine erotische Anziehung nicht fehlen darf. Schließlich möchte ich mit meinem Lebenspartner nicht nur im Wald Schwammerl suchen gehen, ich will in seinen Armen Frau sein, mit Leidenschaft und allem, was das Leben an schönen Genüssen zu bieten hat. Und ich möchte wieder einmal schwach sein dürfen und von gemeinsamen Unternehmungen träumen: von Reisen, von Ausflügen am Wochenende, vom sich Beistehen im Alter. Aber diese neue Gemeinsamkeit sollte mir auch genügend Freiraum lassen, ein neuer Partner müsste mir Zeit lassen, mich langsam wieder an ein Wir zu gewöhnen, oder er müsste ganz einfach so gut zu mir passen, in mir einen so starken Liebesfunken entfachen, dass ich ihn nicht als Einengung empfinde.

Es ist in jungen Jahren nicht leicht, den Richtigen zu finden. In der Mitte des Lebens wird es noch viel schwieriger. In diesem Alter sind wir ausgeprägte Persönlichkeiten mit Ecken und Kanten, mit liebgewonnenen Gewohnheiten und festgefahrenen Strukturen. Eine Anpassung ist nur mehr eingeschränkt möglich, viel wichtiger ist, dass man einander genau so mag, wie man ist. Es bringt nichts, sich zu verstellen, das führt schon bald zu Konflikten. Und neben dem besagten Funken ist es auch noch unumgänglich, dass man viele Gemeinsamkeiten vorfindet und ähnliche Anforderungen an den Lebensabend stellt. Auch die gesellschaftliche Stellung ist nicht zu unterschätzen, nur wer sich im Freundeskreis des anderen wohlfühlt, wird diesen auf Dauer auch dulden. Es sind also mehrere Komponenten, die stimmen müssen, um in reiferen Jahren zueinander nochmals Ja zu sagen. Abgesehen von wirtschaftlichen Vorteilen würde ich eine Partnerschaft mit getrennten Wohnungen gut finden. So hat jeder die Möglichkeit, sich zurückzuziehen und sich dann wieder aufeinander zu freuen, ohne in die Falle Alltagstrott zu tappen.

Die vorliegende Bewerbungsmappe hat in mir Hoffnungen geweckt, aber auch Enttäuschungen gebracht, der Richtige war nicht dabei oder ich habe ihn übersehen. Aber ich bin mir und meinen Bedürfnissen etwas näher gekommen.

Noch vor einem halben Jahr habe ich mir gedacht, dass ich gern eine Fernbeziehung führen würde. Aber schon die Anreise zum ersten Date empfand ich als sehr anstrengend. Nein, eine zu große Distanz kommt für mich nicht in Frage. Mein spannender Beruf fordert viel Kräfteeinsatz, ich bin nicht bereit, an zahlreichen Wochenenden viele Kilometer Anreise, womöglich im Stau, in Kauf zu nehmen. Vielleicht würde ich das in meiner Pension in Erwägung ziehen, aber solange ich voll im Berufsleben stehe und auch beruflich viele Kilometer im Auto zurücklege, möchte ich nicht unzählige Stunden am Lenkrad sitzen, um meinen Liebsten am Wochenende zu treffen. Es wäre einfacher, wenn sich eine Liebesbeziehung im Umkreis von maximal 100 Kilometern finden würde. Und ich weiß auch, dass ich nicht weit wegziehen möchte, ich liebe meine Heimatstadt und mein

Netzwerk, das ich mir in all den Jahren aufgebaut habe. So vieles ist mir angenehm vertraut und möchte ich nicht mehr missen.

Und noch eine Erkenntnis habe ich gewonnen: Es ist sehr anstrengend, wenn sich plötzlich unzählige Männer um die Position des Lebenspartners bewerben. Im normalen Alltag passiert einem das ja nicht – nur wer sich, so wie ich, öffentlich auf den Markt begibt, bekommt innerhalb kürzester Zeit so viele Anfragen. Es ist auch keine Option für mich, nur um nicht allein zu sein, irgendeinen Kandidaten zu erhören und auf der Vernunftebene aus dem Singledasein in die Zweisamkeit zu flüchten.

Meine Freiheit hat auch Vorzüge – niemandem Rechenschaft ablegen zu müssen, jeden Tag so gestalten zu können, wie ich möchte, das hat auch positive Seiten. Nicht nur einmal habe ich den Neid verheirateter Frauen gespürt, dass ich mein Leben so unabhängig, so frei leben darf. Meinen Rhythmus im Alltag durch eine Partnerschaft ganz umzustellen, auch das wäre eine nicht zu unterschätzende Herausforderung.

Vielleicht ist das größte Problem des Menschen, dass er oft unzufrieden ist und sich immer genau nach dem sehnt, was er eben nicht bekommt oder nicht besitzt. Es gibt keine Lebensform, die garantiert glücklich macht. Sonst müssten alle Menschen in Paarbeziehungen nur so vor Glücksgefühlen sprühen, aber auch das ist nicht der Fall.

So bleibt es keinem Menschen erspart, sich mit sich auseinanderzusetzen, an sich zu arbeiten, in sich hineinzuhören. Und das nicht nur einmal im Leben, sondern immer wieder, wenn der Lebensweg Entscheidungen fordert oder das Schicksal uns diese abverlangt. Manches können wir beeinflussen, vieles wieder nicht. Wir können nur an unserem

Blickwinkel arbeiten, das Glas Wasser ist halbvoll oder halbleer, an unserer Zufriedenheit können wir arbeiten.

Dazu gehört auch Vertrauen ins Leben, vieles liegt einfach nicht in unserer Hand. Vor allem Liebe lässt sich nicht erzwingen, dieses unbeschreiblich schöne Gefühl fließt aus unserer tiefsten Seele. Manchmal genügt ein kurzer Blick, eine einzige Berührung, und sie verbindet Mann und Frau zu einem unbeschreiblich schönen Ganzen. Ich glaube, das ist es, wonach sich fast alle Menschen sehnen, dieses Empfinden, zu jemandem zu gehören, geliebt zu werden. Dafür ist man dann bereit, Kompromisse zu schließen, Freiheiten aufzugeben und Gemeinsamkeiten zu entdecken und schätzen zu lernen.

Nutzt man in unserer schnelllebigen Zeit Internet-Plattformen für bindungswillige Partner, kann man dem Zufall etwas nachhelfen, die Chance, jemanden zu treffen, bei dem der Funke überspringt und der auch bereit ist, wieder eine Partnerschaft einzugehen, ist größer als im Alltagsleben. Einschlägige psychologische Tests prüfen potenzielle Suchende auf Übereinstimmung und versuchen, passende Alters- und Interessengruppen zusammenzuführen. Es ist ein aktives Suchen, erfordert aber Zeit und Ausdauer, eine gute Mischung aus Abenteuerlust, Ernst und Lockerheit. Schließlich hat man keine Garantie, ob die Suche von Erfolg gekrönt ist. Ähnlich wie bei meiner Partnersuche im Fernsehen.

Ich rate aber niemandem von diesem Schritt ab. Jeder muss seinen persönlichen, seinen eigenen Weg im Leben gehen. Meine Teilnahme bei „Liebesg'schichten und Heiratssachen" war eine interessante Erfahrung in meinem Leben, ich habe Mut bewiesen und bin mir selbst wieder einen Schritt nähergekommen. Ich habe viele interessante Menschen getroffen, mich auch mit vielen Single-Frauen ausgetauscht und festgestellt, dass ich nicht allein bin mit meinen Ängsten und Sehnsüchten. Und ich habe festgestellt, dass mein abwechslungsreiches Singledasein gar nicht so schlecht verläuft und dass ich mir eine angenehme Gesellschafterin bin, ich weiß mit mir und meiner Zeit etwas anzufangen.

Ich werde weiterhin mit offenen Augen durchs Leben gehen, weiterhin mit Freude die Gesellschaft meiner Mitmenschen suchen und sportlich und kulturell aktiv sein. Es gibt so viel, das ich noch erlernen will, zum Beispiel ein Instrument, eine zweite Fremdsprache, Tango, Theaterstücke schreiben – viele Ideen schwirren durch meinen Kopf und warten darauf, irgendwann, vielleicht dann in der Pension, umgesetzt zu werden.

Ich werde auch in Zukunft manchmal einsam und melancholisch auf meiner Terrasse sitzen und die eine oder andere Träne vergießen. Aber ich weiß, diese Momente vergehen wieder und meine Lebensfreude und mein Tatendrang werden mich wieder fröhlich stimmen. Die Sehnsucht nach einem Lebensmenschen ist ganz einfach ein Teil von mir.

Und ich vertraue mich dem Leben an, voller Erwartung, was es mit mir noch vorhat. Und wer weiß, vielleicht schickt es mir jetzt, da ich mich mit meinen Freiheiten und meinen Sehnsüchten wahrnehme und akzeptiere, doch irgendwann einen Mann, der mein Herz berührt und mit mir eins sein möchte, mich liebt, so wie ich heute bin. Der Zufall kann ihn mir schicken, meinen Märchenprinzen, dagegen hätte ich nichts einzuwenden. Aber mein Bedürfnis, Massenbewerbungen abzuarbeiten, ist vorläufig gestillt.